県　名

1 アヴェロン
2 アリエ
3 アリエージュ
4 アルデーシュ
5 アルデンヌ
6 アルプ・ド・オート・プロヴァンス
7 アルプ・マリチム
8 アン
9 アンドル
10 アンドル・エ・ロワール
11 イヴリーヌ
12 イゼール
13 イル・エ・ヴィレーヌ
14 ヴァール
15 ヴァル・ド・マルヌ
16 ヴァル・ドワーズ
17 ヴァンデ
18 ヴィエンヌ
19 ヴォクリューズ
20 ヴォージュ
21 ウール
22 ウール・エ・ロワール
23 エソンヌ
24 エーヌ
25 エロー
26 オード
27 オート・ヴィエンヌ
28 オート・ガロンヌ
29 オート・コルス
30 オート・サヴォワ
31 オート・ザルプ
32 オー・ド・セーヌ
33 オート・ソーヌ
34 オート・ピレネ
35 オート・マルヌ
36 オート・ロワール
37 オーブ
38 オー・ラン
39 オルヌ
40 オワーズ
41 ガール
42 カルヴァドス
43 カンタル
44 クルーズ
45 コート・デュ・ノール
46 コート・ドール
47 コルス・デュ・スュッド
48 コレーズ
49 サヴォワ
50 サルト
51 シェール
52 ジェール
53 シャラント
54 シャラント・マリチム
55 ジュラ
56 ジロンド
57 セーヌ・エ・マルヌ
58 セーヌ・サン・ドニ
59 セーヌ・マリチム
60 ソーヌ・エ・ロワール
61 ソンム
62 タルン
63 タルン・エ・ガロンヌ
64 テリトワール・ド・ベルフォール
65 ドゥ
66 ドゥー・セーヴル
67 ドルドーニュ
68 ドローム
69 ニエーヴル
70 ノール
71 パ・ド・カレ
72 バ・ラン
73 ピュイ・ド・ドーム
74 ピレネ・アトランチック
75 ピレネ・ゾリアンタル
76 フィニステール
77 ブッシュ・デュ・ローヌ
78 マイエンヌ
79 マルヌ
80 マンシュ
81 ムーズ
82 ムルト・エ・モゼル
83 メーヌ・エ・ロワール
84 モゼル
85 モルビアン
86 ヨンヌ
87 ランド
88 ロゼール
89 ロート
90 ロート・エ・ガロンヌ
91 ローヌ
92 ロワール
93 ロワール・アトランチック
94 ロワール・エ・シェール
95 ロワレ

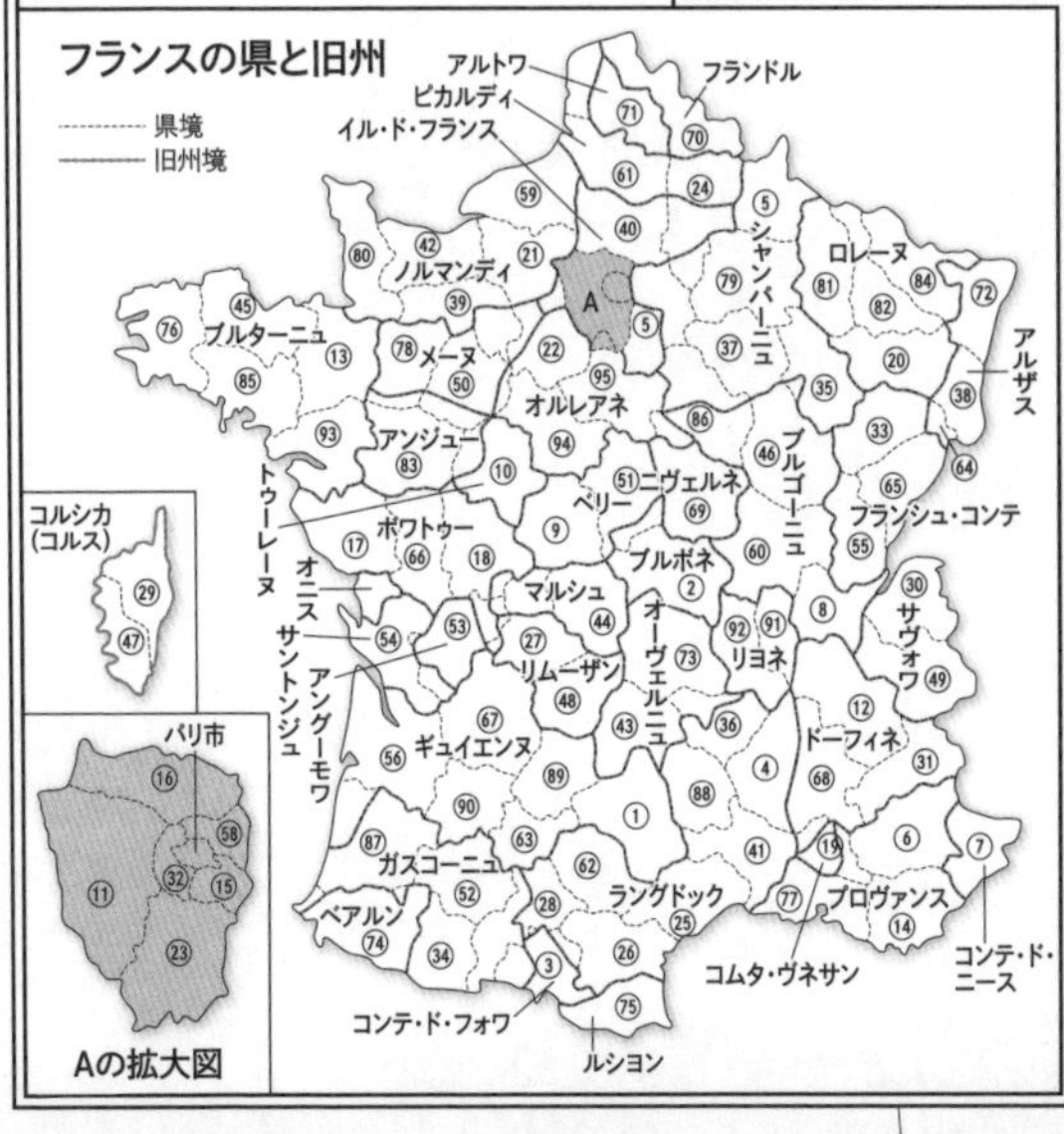

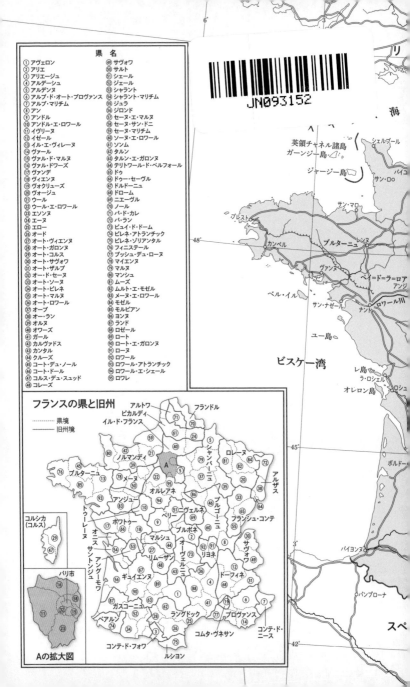

YAMAKAWA SELECTION

フランス史 下

福井憲彦 編

山川出版社

［カバー写真］
1889年パリ万国博覧会会場の俯瞰図

目次

上巻目次

山川セレクション

フランス史 下

第五章

フランス革命とナポレオン帝政

1 革命の勃発

王政の危機と三部会の召集

一七七四年にルイ十六世が即位したとき、国家財政はすでに危機に瀕していた。さらにアメリカ独立戦争においてイギリスへの対抗上、独立側に軍事支援したことによって、事態は一層悪化した。国庫は負債利子だけでも膨大な額におよび、従来の税収では赤字の補塡はおろか、その増加をくいとめることさえ困難になっていた。王政は、特権層への課税を含めた税収の増加を追求し、自由化による経済の活性化を模索した。しかし貴族をはじめ、既存の特権をもった人々は、このような政策には激しい抵抗を示した。

名士会議によっても財政改革の成果をあげられなかった財務総監カロンヌが罷免されると、そのあとを受けたブリエンヌは名士会議を解散し、貴族たちの牙城《がじょう》であった高等法院との対決姿勢を明確にした。各地の高等法院は公然と、これに猛反発した。この反発には、矛盾をはらむ二つの性格が認められる。第一は、特権貴族による特権の擁護という性格である。しかし第二には、王政による一方的な政策の押付けにたいする抵抗と批判、という性格もあった。しかも王政による政策には、一貫性が欠けていた。

一七八八年の春から夏にかけて、王政と高等法院の対立は頂点に達した。聖職者会議が高等法院の抵抗を支持したのは、第一の性格のゆえであった。平民からも生じた高等法院支持の動きは、第二の性格をあらわしていた。はじめブリエンヌの政策を支持していたルイ十六世は、政治的な混乱を見て動揺し、結局は高等法院に譲歩して、一七八九年五月に全国三部会を召集することに決定した。一七八八年八月末ブリエンヌは辞職し、カロンヌの前任で柔軟な実務派とみられていたネッケルが復職して、高等法院の権利確認に同意した。これは、高等法院を拠点とする貴族の勝利であった。

三部会の召集は、貴族や聖職者にとっては、特権と地位の維持を確認するための機会であった。しかし第三身分、すなわち平民が三部会召集によせた期待は、政治や経済の混乱を収拾することであった。おりから、一七八七年、八八年の天候異変による凶作が食糧不安をもたらし、しかも八六年の英仏通商条約以後、イギリス商品の流入はフランスの手工業生産にも打撃を与えていた。上昇中であった経済は深刻な不況の局面にはいり、社会は小麦粉戦争以来の緊張をむかえていた。飢饉への恐れ、

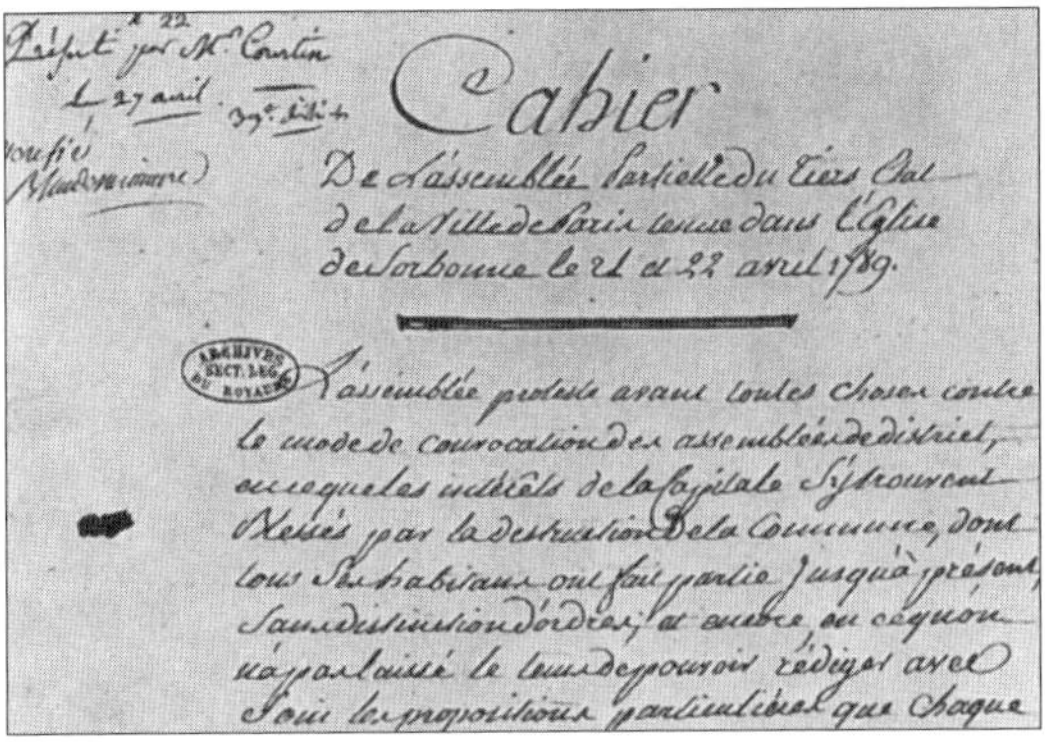
Cahier
De l'assemblée Partielle du Tiers État
de la Ville de Paris tenue dans l'Église
de Sorbonne le 21 et 22 avril 1789.

L'assemblée proteste avant toutes choses contre
le mode de convocation des assemblées de district,
auxquelles les intérêts de la Capitale se trouvent
blessés par la destruction de la Commune, dont
tous ses habitants ont fait partie jusqu'à présent,
sans distinction d'ordres; et encore en ce qu'on
n'a pas laissé le temps de pouvoir rédiger avec
soin les propositions particulières que chaque

カイエ・ド・ドレアンス　この陳情書は，1789年４月21，22日に，パリのソルボンヌ教会でもたれた第三身分の集会が発したものである。

そして悪徳商人や特権層が食糧を隠匿しているのではないかという疑念が，民衆の心をとらえていた。

財政危機は，その打開の方策をめぐって政治危機を誘発し，そこに経済不況と社会不安とが折り重なった。あとから歴史的に振り返ってみれば，この絶対王政末の危機は，多重化した深刻な事態を示していた。しかし当事者たちは，それが絶対王政の最後につながるという認識は，およそまだいだいていなかった。ルイ十六世は三部会に向けて，現状改善にかんする意見を臣民が広くよせるように要請した。実際，全国各地で開かれた三部会議員選挙人集会からは，総数六万ともいわれる請願の陳情書「カイエ・ド・ドレアンス」がだされるところとなった。

陳情書には特権廃止を求める声や，逆に特権擁護を主張する声など，背反する多様な意見が含まれていた。しかし確実にいえるのは，それまでは公に意見を発することもなかった平民を含めて、全国津々浦々において自由に意見が公表され、議論が交わされる状況が生じたことである。いうなれば社会の政治化が公然と生じたのであった。

一七八九年春に全国各地に起こった農民一揆は、たんに飢饉を原因とした騒擾《そうじょう》だったのではなく、このような社会の政治化と無縁ではなかったであろう。また四月に、パリの民衆街区フォーブール・サン・タントワーヌを市街戦の舞台にしたレヴェイヨン事件も、同様である。裕福な壁紙工場経営者のレヴェイヨンは、この地区の選挙人集会において、食糧難にあえぐ民衆を愚弄したとして攻撃の対象にされた。同じ第三身分でも、裕福なブルジョワとは一線を画したパリ民衆の世界が、姿をあらわし始めていた。

三部会から憲法制定国民議会へ

一七八九年五月五日、ヴェルサイユで国王自らの主宰のもと、三部会が開会した。第一身分の聖職者代表議員、二九一名。第二身分の貴族代表議員、二八五名。第三身分の平民代表議員、五七八名。はじめから波乱含みであった。議決方式は未決定のまま対立していたし、議場における第三身分の扱いは差別的であった。王政の側と特権をもった二身分は、身分ごとの議決を求め、第三身分は議員ごとの投票を強く主張した。この年の一月、下級聖職者であったシエイエスが『第三身分とはなにか』というパンフレットを公表して世間の注目を集めたのは、まさにこの議決方式にかんする対立が起こっていたなかでのことであった。そのシエイエスが第三身分代表議員に選ばれて参加していたように、平民代表には下級聖職者や貴族出身の者も含まれていた。

議員の資格認定作業をめぐって、身分ごとの別個の認定作業を拒否した第三身分は、あくまで全体会での作業を求め、事態は膠着したまま一カ月余りが経過する。この間に、それまで面識もなかった第三身分代表議員たちは、「ブルトン・クラブ」に集まった議員たちをリーダーとして、まとまりを示すようになった。彼らはシエイエスの発議のもと、三身分全体の認定作業を開始するからほかの身分代表議員たちも合流されたし、という強硬な姿勢を打ち出した。これに第一身分の議員一九名が呼応したのを受けて、第三身分代表たちは自分たちの会議を「国民議会」と命名した。六月十七日のことである。

第三身分が打ち出した強硬姿勢は、特権身分に対応をよぎなく迫った。貴族代表の会議では対決派が多数を占めたが、聖職者の会議では激論ののち、僅差で第三身分への合流が決定された。第一身分代表の三分の二ほどは、町や村の司祭など下級聖職者であったから、このような動きも理解できよう。あわてた保守派は、幼い王太子の病死で喪に服していたルイ十六世を説き伏せ、二十三日に国王親臨会議を開くことを公表し、他方で第三身分の会議場を改装するという名目で閉鎖した。その二十日の朝、なにも知らずに集まりだした第三身分代表議員たちは、会議場が閉鎖されているのを知って激怒した。彼らは近くの球戯場に急遽集結し、憲法が制定されるまではけっして国民議会を解散しないことを誓い合った。ダヴィッドらの画家が描いた絵でも有名な「球戯場の誓い」である。二十二日には国民議会に、数名の貴族と一四九名の合流派聖職者が同席した。

六月二十三日、親臨会議で国王は、財政負担の平等や個人の自由、司法制度改革などを明言したが、国民議会の行動は否認した。第三身分代表を中心にした国民議会派は、国王退席後も退出を拒否し、否認に抗議して会議場に居残った。第一身分の合流者がふえ、貴族身分からもオルレアン公をはじめ合流者がでてくるにおよんで、ついに二十七日、国王は第三身分代表の会議への合流を、第一、第二身分代表に指示した。七月七日、憲法制定委員会が設置され、九日には、議会は「憲法制定国民議会」と称することに決定した。

すべては、立憲王政に向かって順調に動き出したかにみえたのであるが、他方でルイ十六世は地方駐屯の軍隊にたいして、七月十三日までにパリとヴェルサイユ近辺へ集結するよう指令していた。パリの町には、噂が流れ始めた。国王の軍隊による、改革派弾圧とパリの軍事制圧がしくまれている、と。状況の悪化を恐れた憲法制定国民議会の議員たちは、軍隊の撤退を国王に要請したが、国王と強硬派は逆に対決姿勢を強化した。七月十一日、柔軟派のネッケルが解任された。ネッケル解任の報が十二日午前、パリに広まると、パリ市内では抗議の行動が起こり始めた。軍事制圧の危険にたいして、武力抵抗を主張する檄がとばされ、市内ではデモ隊と治安部隊の衝突も生じた。七月十二日夜半から十四日にかけて、パリ市内では異なる性格の二つの動きが展開していた。

ひとつは、十二日夜半からほとんど自然発生的に生じた民衆の動きである。五四あった市門のうち四〇までが、つぎつぎと焼打ちにあった。なぜなら市門は、入市税をとって物価高をもたらす元凶だととらえられていたからである。さらに別の群衆は、自衛の武器を求めて武器商店を襲った。こうした行動の背後に、ルイ十六世を追い落として、立憲王政下に権力をとろうとしていたオルレアン公による策動があった可能性はある。しかし、挑発や扇動が民衆を行動にかりたてたわけではない。行動の基本には、生活にかんする不満や要求を社会的行動や政治的行動に結びつけていく、この時期の民衆の生き方が存在していた。しばしばきわめて暴力的であるだけに、状況への衝撃力は大きかった。

もうひとつは、裕福な市民を中心にした、独自の市民軍結成の動きである。同時に、市内の各地区に設置されていた三部会議員選出のための選挙人集会は、市政を掌握するための「常設委員会」へと位置づけられた。国王軍に対抗すると同時に、群衆による無秩序な暴力をおさえるための市民軍は、パリ市の二色、赤と青からなる記章をつくった。じきにこれにブルボン家の白が加えられた三色記章が、革命の象徴となるのである。

バスチーユ攻略とその波紋

七月十四日早朝、セーヌ左岸にあるアンヴァリッド（廃兵院）の前に、数千とも数万ともいわれる人々が集結してきた。市民代表は、市民軍に不足している武器用にと、ここに保管されている武器弾薬の引渡しを求めた。守備隊は群衆の数の多さに圧倒されて抵抗をあきらめ、近くに駐屯していた国王軍も出動しなかった。こうして多くの小銃と、大砲までが、市民と群衆の手に渡った。しかしまだ弾薬は不足していた。

パリの東端にあるバスチーユの要塞には、弾薬が保管されている。この情報をすでにもっていた市民は、ここにもつめよせた。市民代表が武器弾薬の引渡しを求めて、守備隊司令官ド・ローネーと交渉にはいった。交渉が長引くうちに、アンヴァリッドで大砲や小銃を手にいれた人々も合流した。しびれを切らした群衆が中庭になだれこむと、発砲が起こり、混乱のなか銃撃戦が始まった。ここでも群衆の数は守備隊を圧倒した。夕刻までにはバスチーユの要塞全体が攻略され、ド・ローネーは捕虜となった。攻め込んだ群衆側には死者九八名、負傷者七三名、守備隊側には死者一名、負傷者三名がでた。群衆のうち、その後の研究で職業や住所が判明している者の多くは、フォーブール・サン・タントワーヌ街区の住民であり、職人や小商人が中心であった。

ド・ローネーらは市庁舎に連行されたが、到着したところで激昂した群衆によって殺害され、首をはねられた。三人の士官と三人の守備兵も、司令官と同じ運命をたどった。さらに市長のフレッセルも、出来事への対応が裏切りであったとみなされて射殺され、やはり首をはねられた。彼らの首を槍の先に掲げた群衆は、市庁舎前のグレーヴ広場を練り歩いた。この広場は中世以来、セーヌからの荷揚げ場であり、あらくれ男たちが仕事を求めて集まってくるところであったが、また公開処刑の場でもあった。とくに国王襲撃といった大罪をおかした者は、見せしめの残虐な死刑を受けたものであった。興奮した群衆は、おそらくそのような見聞を、今度は自分たちが主人公になって裏返しに演じたのである。

バスチーユ要塞は、ルイ十三世の時代から、国王の発する封印令状で逮捕された者を収監する監獄にも使われていた。しかもその塔の上には、民衆街区を監視する大砲がすえられていた。王政を批判する人々にとっては、ここは圧制の象徴という意味をおび始めていた。バスチーユは攻略されると、すぐに取壊しの作業が開始された。それには「専制の解体」という意味が与えられた。解体後の石で模型がつくられ、専制解体の象徴として地方にまで送り出され、パンフレットはバスチーユ攻略を専制政治解体の狼煙《のろし》と位置づけた。すなわち、革命の開始という意味付与がなされたのである。

パリの武装蜂起の知らせは、ヴェルサイユには十四日夕刻までに届いていた。しかし憲法制定国民議会も国王も、まだ事の重大さを的確には認識していなかったようにみえる。翌十五日には、ルイ十六世は自ら議会の議場に赴き「朕は、国家の救済を国民議会に期待するものである」と発言し、軍隊の撤退を約束した。ついに国王が、国民議会の存在を公認した。同日午後、この情報が伝わるとパリでは市政革命が宣言され、新市長には天文学者のバイイ、国民衛兵と改称された市民軍の司令官には、アメリカ独立戦争に義勇兵として参加した経験をもつ貴族、ラファイエットが就任した。

十七日には、ルイ十六世がパリ市庁舎をおとずれ、国民衛兵の三色記章をつけてバルコニーに姿を見せた。目先のきく貴族のなかには、亡命する者も出始めた。さらに、国を救うために犠牲を引き受けた国王という、キリストに例えた国王神話が王党派によって流されるようになる。

パリの市政革命の報が伝わると、地方の都市でも市政革命がつぎつぎに起こり、それぞれ国民衛兵が組織された。しかし、パリにしても地方都市にしても、自律性は確保したものの、どのような方向をめざすのか、目標はまだ曖昧であった。だが、都市での出来事は、農村に思わぬ余波を引き起こすことになった。大パニックが生じたのである。

一七八七年以来の不作にあえぐ農村では、小作料や地代の減免を求める貧農の声は切実であった。そこに、パリをはじめとした都市での政治的動揺の情報が伝わってきた。そうしたなかで、都市から浮浪者が農村に流れ出てくる、盗賊団が襲ってくる、という噂が、収穫期をむかえていた農村に広まった。さらに「貴族の陰謀」が加わった。特権を守りたい封建領主たちが、反抗的な平民をつぶすために、ならず者を雇って農村に仕向けている、という噂である。いずれも噂にすぎなかったが、まったくありそうもない話ではなかった。恐怖にとらわれた農民たちは、やられる前に先手を打とうと、各地で領主の館に押しかけ、証文をださせて焼きはらい、あるいは館そのものに火を放った。

のちに歴史家によって「大恐怖」と名づけられたこの農村大パニック現象は、七月二十日から八月六日にかけて、ほとんど全国を急流のようにかけめぐった。市政革命をはたした都市のエリートたちは、農民の動きを理解できなかった。彼らは、むしろ農民の蜂起行動に「貴族の陰謀」をみたから、国民衛兵による鎮圧は各地できわめて厳しいものとなった。しかし農村部の全国的な混乱状態は、ヴェルサイユの憲法制定国民議会にも対応をよぎなく迫るものとなったのである。

封建制の廃止と人権宣言

憲法論議を重ねていた国民議会にとっても、農村のパニックは想定外のものであり、対応策として弾圧から静観までさまざまな意見が入り乱れた。新しく議会の議長となったルシャプリエをはじめブルトン・クラブの議員たちは、改革派として、このまま事態を放置するのは危険だと、八月にはいって判断するようになった。それほどパニックは拡大していた。このクラブには、開明派の貴族も参加するようになっていた。彼らが決定した方針は、貴族は免税などの身分的特権を放棄するが、年貢徴収などの領主権は農民に買い取らせて帳消しにしよう、というものであった。

提案は、あえて貴族身分代表のノアイユ子爵に委ねられ、応援演説をエギヨン公がおこなった。反対の声も激しかったが、結局、特権廃止に落着していった。領主の土地経営にかんする権利は、買い取られないかぎり領主自身の正当なものと認められていたからである。貴族の特権ばかりでなく、都市や州などの特権もつぎつぎに廃止されていった議場は、自己犠牲の陶酔に満たされていたという。封建的特権の廃止が議決された八月四日は「魔法の夜」と呼ばれるようになった。

実際農民たちは、特権廃止を無償なものと誤認して、現実には大多数の農民には買取り困難であっ

人権宣言を称える銅版画　左方の暗黒部で雷に打たれて「封建制と特権」とが倒れており，右方の光に照らされて，革命のシンボルのまわりで踊る人々と対照をなしている。

たにもかかわらず、魔法にかかったようにパニックから覚めていった。じきに誤認に気づいた農民たちは、要求を再燃させるようになるが、農村における当面の危機はこうして回避されたのである。

たとえ妥協の産物だったとはいえ、封建的特権が廃止された意味は大きかった。当時の人たちもそう認識した。いよいよ憲法論議が、一層の現実味をおびるようになった。そのなかで、否定すべき過去の体制はアンシアン・レジーム、すなわち旧体制と呼ばれるようになっていく。

議会が「人間および市民の権利の宣言」、いわゆる「人権宣言」を採択したのは、八月二十六日であった。前文と一七条からなる人権宣言は、憲法全体の前文にあたる原則の確認である。なにより「人間は生まれながらにして自由であり、権利において平等である」という確認は、啓蒙の思想を受け継ぎ、旧来の王政が依拠してきた身分制を根本から否定するものであった。アメリカ独立宣言と共通する思想的基盤に立つ人権宣言は、革命の推移をこえて、こののち二十一世紀にいたるまで、西欧の近代民主政治の基本的思想とみなされつづけるであろう。

思想も言論も行動も、他人を害さないかぎり自由であり、個人の所有権は不可侵である。圧制がおこなわれたとき、人は抵抗する権利をもつ。これらは、人間に生まれながらに自然に備わっている自然権として確認された。この自由と権利の範囲を定めるのは、主権の根源である国民にほかならない。こうして、国民主権の原則が明言された。アンシアン・レジームとの断絶は明白であった。

しかし原則は確立したとしても、現実への適用はまだ白紙である。国民とはどの範囲までをさすのか。選挙権は誰にでも認められるのか。国王との関係はどうなるのか。私的所有権が不可侵だとしたら、それまで共同で用いてきた土地や森林の用益権は否定されるのか。多くの問題について、まだ見通しは不透明であった。なにより、憲法制定国民議会の力はまだ不安定であった。それを見透かすようにルイ十六世は、封建制廃止にも人権宣言にも、国王としての裁可を与えなかった。さらに九月にはいると、地方の軍隊をふたたび呼びよせる動きにでてきた。議会で主導権を握りつつあったラファイエットたちは、国王との妥協の道を探りつつ、宮廷のパリへの移転を考え始めた。しかし、それを実現して国王を市民の監視下におくための手段が、議員たちには欠けていた。このような状況を決定的に転換させたのは、ふたたびパリ民衆の力の介在であった。

劣悪な食糧事情は、秋になっても好転していなかった。パリの女たちが、パンを求める請願を、直接ヴェルサイユの議会と国王へ向けて提出しようと動き出した。十月五日、民衆街区から市庁舎前のグレーヴ広場にぞくぞくと集まってきた女たちは、槍や剣で武装してヴェルサイユに向け出発した。その数六〇〇〇とも七〇〇〇ともいわれる。女たちだけに任せてはおけないと、約二万の武装市民が国民衛兵を先頭に、続いてヴェルサイユに向かった。ついにルイ十六世は、議会にたいしては封建制の廃止と人権宣言を承認し、女たちには小麦の放出を約束した。六日の午後、「国王万歳」という声のなか、三万人の武装した市民と民衆が国王をのせた馬車を取り巻いて、お祭り騒ぎでパリへと帰還した。宮廷はパリのチュイルリ宮へと移転し、続いて議会もパリに移った。このパリ民衆による「ヴェルサイユ行進」をきっかけに、絶対王政の崩壊は決定的となった。しかしまだ国王の信望は不思議に存続していた。どのような立憲王政をつくるか、それが政局の中心となった。

2　革命の展開

立憲王政への模索と挫折

人権宣言が承認されたあと、国民議会では、行政や財政にかんする新しい法律がひとつひとつ審議決定されていった。新生フランスの枠組みが、決められていったのである。

国家財政の破綻が絶対王政解体の引き金になった以上、政治運営の中心になった議会もすばやい対応が求められた。そこで目をつけられたのが、おそらく王国の二〇％にものぼっていたとみられる教会所有の土地であった。一七八九年十一月には教会財産の国有化が決定され、接収された土地の一部は、九〇年五月と七月の政令に基づいてさっそく売却された。さらに国民議会は、この国有財産の競売を前提にして、アッシニャという債券を発行した。土地を担保にした五％の利子付き、一枚一〇〇〇リーヴルの債券が四億リーヴル分発行された。国庫負債の返却用である。アッシニャは一七九〇年春からは紙幣として流通し始め、秋にふたたび国民議会が発行した八億リーヴル分は、事実上まったくの紙幣であった。このちアッシニャは乱発されるほどに価値をさげ、インフレをひどくして民衆生活を圧迫する一因となってしまう。

法律を審議した国民議会の内部は、けっして一枚岩ではなかった。このときから、保守的右翼と革新的左翼という区別が、政界内部に成立した。最右翼には、いぜんとして宮廷派が位置した。亡命の動きはこの派の数を減らしていくが、彼らは政治的な駆引きにたけていただけに、一七九一年夏までは無視できない存在であった。右翼に位置したのは、イギリス流の二院制立憲政治を主張する貴族たちであり、左翼には民主派を自任する者たちが連なった。しかし大勢は中間派が左右していた。いずれにしても、現代におけるような明確な規約をもった政党ではなく、相互の境界は安定していたわけではなかった。

一七八九年十月、議会がパリに移動すると、ブルトン・クラブもパリに移転し、議会の近くにあったジャコバン修道院の食堂を拠点にするようになる。クラブは「憲法友の会」を正式名称としたが、誰もが「ジャコバン・クラブ」と呼ぶようになった。はじめ議員のみ二〇〇名で構成されていたが、じきに議員以外にも門戸が開放されると、一七九〇年夏までには会員数は一〇〇〇名をこえ、地方の支部数は一五二にもなった。その内部も一枚岩ではなく、一七九一年夏までは「愛国派」という立憲王政派が主導権を握っていた。

はじめジャコバン・クラブに参加していたラファイエットは、国王に近いことを左派から批判され、脱退した。別個に「一七八九年クラブ」を結成し、保守的な改革派の拠点にしようと動いた彼には、シエイエスが同調した。ラファイエットが得意の頂点を経験したのが、一七九〇年七月十四日におこなわれた連盟祭であった。バスチーユ攻略一周年を記念する式典には、連盟兵と呼ばれた地方の国民衛兵代表が一万四〇〇〇名も招待され、国王、議員、一般市民をあわせて約一〇万の参加者が立場の違いをこえて、いわば呉越同舟の仲間として列席した。それを仕切ったのが、国民衛兵総司令官としてのラファイエットだったのである。この式典では、国王が国民に誓いを立て、憲法の遵守《じゅんしゅ》を約束した。

憲法は、一七九一年九月三日に成立した。フランス最初の憲法である。三権分立、一院制の立憲王政が採用された。旧来の州は解体され、八三の県が行政区分の基本となった。人権宣言が前文をなしていたが、参政権は能動市民に限定された。すなわち選挙権は、二十五歳以上のフランス人男性で、少なくとも一年以上同一の地に住み、三日分の労賃に相当する直接税を納入していることとされ、奉公人や使用人、そして女性は排除された。しかも能動市民は議員を直接選ぶのではなく、選挙人を選出するものとされ、選挙人になるには一〇日分の労賃にあたる納税額が必要とされた。議員への立候補資格にはさらに厳しい条件が付された。この結果、能動市民は約四三〇万人、選挙人は四万三〇〇〇人と見積もられている。身分制は否定されたが、とってかわったのは財産による差別であった。

しかも、憲法の成立に先立って、状況は混乱しつつあった。一七九一年六月、国王一家が国外逃亡を企て、東フランスのヴァレンヌで捕捉され、パリへ連れ戻されるという事件が起こった。立憲王政で革命を落着させようとしていた愛国派は、国王誘拐説で体面を保持しようとしたが、国王の信望は失墜した。さらに七月、パリの練兵場で共和政樹立の請願集会が開かれると、ラファイエット率いる国民衛兵は無防備の群衆に発砲、多数の死傷者がでた。請願集会を主宰した民衆クラブ「人権友の会」のリーダーたちは、追及されるところとなった。武装した市民と民衆とのあいだに、亀裂がはしった。

人権友の会は別名「コルドリエ・クラブ」と呼ばれたが、このあと一七九五年四月に閉鎖されるまで、革命運動の最左派に位置して活動していくことになる。コルドリエ・クラブの活動への対応で紛

地に落ちる国王のイメージ　ヴァレンヌ逃亡事件後，国王の信用は地に落ち，さまざまな風刺画が描かれた。

糾したジャコバン・クラブは分裂し、約四分の三が脱退して「フイヤン・クラブ」を結成した。彼らの政治的立場はまちまちであったが、革命の穏便な落着という点で一致していた。残った左派は、活動の立直しをよぎなくされた。貴族たちは、事態の悪化を予測して亡命を急ぎ、国外で反革命勢力の結集を試み始めるようになる。

民衆運動と王権の停止

一七九一年六月から、憲法成立を前提に議員選挙がおこなわれ、十月一日、新憲法のもとで立法議会が発足した。七四五名の議員が選出されたが、再選が禁止されていたため、憲法制定国民議会の実力者たちは議会外にとどまることになった。フイヤン派のバルナーヴも、ジャコバン派の実力者になっていたロベスピエールも、議会外に位置した。議会の右翼にはフイヤン派の約二六〇名、左翼にはジャコバン派の約一三〇名、さらに最左翼にはコルドリエ・クラブの会員や若干の急進派、そして中央に、クラブによる色分けのきかない、しかし革命と憲法体制を支持する約三五〇名の議員が位置した。フイヤン派とジャコバン派との主導権争いが基軸であったが、議会では両派とも多数派工作に苦労する状況となる。

亡命貴族と周辺諸国による干渉戦争の恐れが、現実味をおび始めていた。ジャコバン派の議会内リーダーとなっていたブリソは、革命理念の普及を唱えて開戦派の急先鋒となった。当時彼らはブリソタン(ブリソ派)と呼ばれていたが、ジロンド県など南西部選出の議員が中心にいたため、やがて革命後にはジロンド派と名づけられるようになる。ロベスピエールは、開戦が国王や軍部の発言力を増す恐れがあるうえ、軍隊の統率もとれていない現状では革命の敗北につながる危険が大きいとして、開戦には反対していた。しかしこれは少数意見であった。フイヤン派では、開戦による軍部発言権の強化を望むラファイエットらが主導権をとり、消極的なバルナーヴらをおさえた。国王は、革命の敗退を望んで開戦に期待をよせた。

多様な思惑が動くなか、一七九二年三月、国王は、開戦論のジロンド派が主力の内閣を形成させた。そして四月二十日、オーストリアに宣戦布告して戦端を開く。旧軍の将校たちは多くがまともに行動せず、フランス軍は悲惨な状態となった。責任逃れを始めたラファイエットらを尻目に、ジロンド派は、軍の体制を立て直すべく、全国から二万の連盟兵をパリに召集しようと計画した。これを阻止したい国王は、ジロンド派の閣僚を解任した。ところがこの解任は、想定外の動きをパリ民衆に引き起こさせることとなった。

一七九二年六月二十日、パリの民衆街区から、「球戯場の誓い」三周年記念集会を開くことを目的に、多数の民衆がチュイルリの庭園に集まってきた。彼らは議会の議場になだれこみ、革命の徹底を要求。ついで王宮の国王の部屋にまで押しかけて、国王に赤い革命帽をかぶらせたうえで、愛国的な大臣の復職を要求したのであった。この出来事はなんとか収拾されたものの、革命が危機に瀕しているという意識が、パリ民衆を革命への積極的介入へとうながし、革命戦争の継続支持へと動員し始めていた。

このころから政局の中心パリでは、民衆運動の組織的な展開が地区ごとに明確になってきていた。その基本単位は「セクション」であった。セクションとは、もともと三部会議員選挙のために設置された六〇の「ディストリクト」という地区が、四八に再編されたものである。このセクションの総会で市政上の実質が担われていたが、総会とは地区の住民集会であったから、一種の直接民主主義の仕組みであった。

セクションは市政の単位であるばかりでなく、そこを場とした住民生活では地縁的な社会関係が大きな意味をもっていたから、リーダーシップをとれれば、大変大きな力を行使できる。逆に隣人関係において信望をえられなければ、そのリーダーとなることはむずかしかった。リーダーの社会層は、革命の展開とともに上層市民から下降し、一七九二年には小商人や親方職人などにまで広まり、ついに九三年には能動市民ではない一介の職人のような受動市民も、その列に加わってくる。一七九二年には、セクションの中心にいたのは参政権をもつ能動市民だったが、彼らは民衆クラブの組織者でもあって、受動市民にも参政権を認めるべきだと考えていた。

「八月十日協会」という民衆クラブの会員証
サン・キュロットのイメージが，民衆クラブ自身によって描かれているのが興味深い。

パリの民衆運動は、サン・キュロット運動といわれる。支配階層がはいていた膝までのキュロットではなしに、労働用の長ズボンをはいていたのでこう呼ばれる。一七九二年にはこの表現が登場してくるが、それは民衆一般をさすのではなく、小商人や職人、労働者を中心とした、組織的な動きを始めた民衆運動の担い手たちを表現するものだった、と思われる。

こうして、セクションに基盤をもった民衆運動は組織立った様相を強め、セクション同士での相互の連携も進んでくる。一七九二年八月十日のパリ民衆の蜂起は、そのようにして準備されたものであった。

外国軍との戦況が思わしくないなか、七月十四日の記念祭典から月末にかけて、地方から多くの連盟兵がパリに結集してきていた。このときマルセイユから到着した連盟兵がうたっていた歌が、のちにフランス国歌となる「ラ・マルセイエーズ」である。ジロンド派が主導権を握っている議会は、七月十一日には「祖国は危機にあり」と非常事態宣言を発していたが、その態度は煮え切らなかった。王党派の新聞はいぜんとして公然と、革命の敗北を喧伝していた。こうしたなか、危機感に燃えたパリのセクションは、王権の停止と議会の刷新を求めて蜂起の準備にはいった。八月十日朝、各セクションの代表が市庁舎に集結して「蜂起コミューン」を宣言。サン・キュロットと連盟兵はチュイルリ宮へと出撃を開始した。積極的に参加したセクションは、全体のほぼ半数を占めた。王宮を守るスイス傭兵隊との銃撃戦の結果、王宮は制圧され、「蜂起コミューン」の圧力のもとにおかれた議会は、王権停止と、新憲法制定のための国民公会の召集を決定した。またしてもパリ民衆の大挙しての実力行動が、革命にあらたな局面をもたらす原動力となったのであった。

国民公会と革命戦争

八月十日蜂起の結果を受けて、議会には六人のジロンド派からなる臨時行政評議会が設置され、ダントンが、蜂起コミューンとの折衝役を担当した。コミューンの圧力のもと、反革命者を裁くことを目的に特別重罪裁判所が設置された。議会外にあったロベスピエールはコミューンと接近して、民衆運動との連携を模索し始めていた。議会にあって苦労するジロンド派と、在野のロベスピエールの対立が明確になってきていた。

八月末、外国軍によるパリ侵攻の危険が現実性をおびてくると、パリの市内では「反革命の陰謀」が企《たくら》まれているという噂がかけめぐり、九月二日から五日にかけて一種のパニックが起こった。民衆は、反革命の容疑者を収監していた牢獄を襲撃した。「九月の虐殺」といわれる出来事である。ここで犠牲になったのは一一〇〇人から一四〇〇人とみられるが、その四分の三は政治犯ではない通常の犯罪者であった。この自然発生的な反革命狩りは、ジロンド派もコミューンもおさえることができない民衆の力の暴発であった。

この「九月の虐殺」のあと、パリの民衆は大挙して義勇兵として志願し、革命軍の戦力と闘志は増加した。おりしも九月二十日、東フランスのヴァルミで、プロイセン・オーストリア連合のうちのプロイセン軍と対峙したフランス革命軍は、最終的に敵軍を押し戻すことに成功した。たいした戦果ではなかったが、実戦経験も少ない革命軍の最初の勝利は、ヨーロッパの旧体制にたいする革命の勝利を告げるものとして、革命軍に勢いを与えることとなった。

ヴァルミの勝利の翌日、国民公会が開会した。国民公会議員は、二十一歳以上の男子による間接普通選挙で選出されたが、政情不安定のなか投票したのは、有権者約七〇〇万のうち一割にしかすぎなかった。七四九名の議員は、その三分の二が新人であった。その職業は、法曹関係や地方行政職が約六〇〇人で圧倒的多数を占め、平均年齢はほぼ四十歳と若い。誰も共和政を否定しなかったが、右翼に立ったのはジロンド派で、コミューンや民衆運動をなんとかおさえ、秩序の回復を実現しようと考えていた。左翼にはモンタニャール、すなわち議場の左翼上方に陣取った「山岳派」と呼ばれる議員たちがいた。彼らは、パリのジャコバン・クラブを拠点に民衆運動との連携も辞さず、革命の先鋭化に熱心であった。中間には「平原派」議員がいて、彼らの投票が議決を左右する数をもっていた。

各派の人数は、基準の取り方によっても時期によっても一定しない。国民公会発足時にはジロンド派が優勢で、山岳派は圧倒的少数であったが、一七九三年春までには事態は逆転した。両派の議員に、社会階層による差はなかった。あったのは、民衆運動との関係や革命理念の現実化についての、路線の違いであった。ジロンド派は、個人や経済の自由にあくまでこだわり、分権的、連邦的な政治路線を支持した。たしかにその点では、ボルドーなどの大商人たちの利益を代表する性格をもっていた。山岳派のほうは、非常時に対処するには自由の制限や中央集権的な統制もやむをえないと考え、平等実現のためには所有権の一定の制限や生活保障などの措置も必要だ、と考えるようになっていった。

当初優勢だったジロンド派が凋落《ちょうらく》していくには、国王裁判、革命戦争、ヴァンデの反乱という三つの困難への対応が、大きなきっかけになった。一七九二年十二月に始まった国王裁判は、国民公会によって審理され、翌年一月に結審をむかえた。ジロンド派は、国王が外国との交渉の切り札になるとして、国王処刑は回避したい方針であった。しかし、傍聴者が監視するなかで議員が意見を述べて死刑への賛否を表明する投票では、三八七対三三四で死刑が票決された。ジロンド派が望んだ執行猶予もとおらなかった。ルイ十六世は、一七九三年一月二十一日、革命広場、現在のコンコルド広場で処刑された。ジロンド派の意に反し、革命は退路を断つ道を選んだ。

ヴァルミの勝利のあと、フランス革命軍は戦況を有利に戦っていた。一七九二年十一月にはベルギーを占領し、革命防衛から革命輸出へと意味づけを広げていた。ジロンド派政府は一七九三年一月には「防衛全般委員会」を設置し、対外強硬路線をはしっていた。二月にはイギリス・オランダに宣戦布告し、三月にはライン左岸を強引に併合した。しかし国王処刑の報は、ヨーロッパの君主国の態度を硬化させた。一七九二年暮れから介入を考えていたイギリスの呼びかけで、九三年春から夏にかけて、革命フランスを包囲する軍事共同戦線が張られた。対仏大同盟である。革命軍は、ふたたび危機状態に陥った。

危機は国内にも生じた。西部のヴァンデ地方で農民の大反乱が起こったのである。パリから指令がくる、都市を拠点にした革命は、ヴァンデの農民には理解できなかったのみか、革命政府は二月末には三〇万の新規徴兵を決めた。徴兵に反発した農民たちは、ついに武装反乱を起こした。反革命派がこの農民一揆を利用しようとしたこともあって、革命政府は農民反乱そのものを反革命とみなし、徹底した弾圧を指令した。実際、派遣された鎮圧軍による弾圧はすさまじかった。一七九三年末までには鎮静化するが、その後もおりにふれて農民はゲリラ戦を展開した。この弾圧の記憶は、その後も長くこの地方に受け継がれていくことになる。

ジャコバン独裁

内外の危機に対応して、パリのセクションには革命監視委員会がおかれていったが、国民公会はそれを追認し、他方では反革命分子を裁くための革命裁判所を設置した。ついで一七九三年四月六日、議会内で強力な権限をもつ公安委員会の設置を決定した。そのリーダー役にはダントンが就いた。劣勢となったジロンド派は、山岳派の議員で民衆派リーダーの一人マラを、革命裁判所に告発した。四月なかばであった。しかしこれも裏目にでてマラは無罪放免、ジロンド派は議員告発の前例を自らつくってしまうという、大きな失敗となった。

五月になるとジロンド派は、今度はパリの民衆運動を牽制にでた。セクションは反発してジロンド派打倒の蜂起を準備した。山岳派は民衆運動に肩入れしながら、一線を画していた。山岳派にとって民衆運動は、連携しながらも制御したい対象だったからである。六月初め、民衆運動の圧力を背景に、山岳派はついにジロンド派打倒に成功した。

ジャコバン・クラブをおさえ、議会でも主導権をとった山岳派は、パリの民衆運動と連携するだけでなく、農民をつかむ必要があった。国有地の小区画での売却や、領主権の無償廃止の決定は、そのための代表的な政策である。山岳派が新憲法制定を急いだのも、フランス社会全体の刷新こそが急務なのだという主張を、パリだけでなく全国に向けて訴えるためであった。一七九三年六月に議会で可決されたのち八月に成立した新憲法は、俗に「ジャコバン憲法」と呼ばれる。労働や福祉や教育にたいする権利を規定して、より平等主義的な性格が強かったこの新憲法は、しかし革命の危機と戦時体制という非常事態のなかで、施行が延期された。

七月なかばには、民衆運動の活動家とも近かったマラが暗殺されるという、予期しない突発事件が起きた。しかし山岳派が、民衆運動の要求をのみつつそれを自らの戦略のなかに組み込んで、革命の主導権を確立しようという展開には影響しなかった。むしろ革命の殉教者、民衆の指導者マラというイメージが流され、山岳派にプラスに作用した。民衆全体が武装して立ち上がるべきだというセクションの主張は、ロベスピエールやダントンによって巧みに採用され、八月末に一種の国民総動員令というかたちをとった。革命軍の強化策である。食糧難を背景に民衆から強くだされていた価格統制の要求は、九月二十九日に総価格統制令として採用されたが、同時に賃金にかんしても統制が決められた。それによって戦時経済体制が強化できる、という戦略的判断であった。

総動員令も戦時経済体制も、山岳派が望む強力な政府を必要とする。すでに七月には公安委員会の組み替えがおこなわれ、ダントンにかわってロベスピエールがリーダーとして参加していた。九月にも多少の入替えがなされ、一二名の委員が決まる。そのうち八名は弁護士、平均年齢は三十六歳に満たない若い情熱家たちであった。十月から十一月にかけて、公安委員会の提案を受けた国民公会は、戦時体制という非常事態のなかで強力な中央集権的革命政府を構成する、という路線を決定した。戦争終結までは憲法の適用も延期される。政府の細目は十二月四日の法令で定められた。国民公会には二一の委員会がおかれ、外交・軍事・一般行政を担当する公安委員会と、治安維持を担当する保安委員会とが、強力な権限を与えられた。いわゆるジャコバン独裁といわれる体制の成立である。

自由と平等を掲げながら、革命独裁はいかに正当化できるのか。それは、人民の救済を考える徳性に裏打ちされているからだ。そうロベスピエールたちは主張した。「徳性なき恐怖はおぞましいが、恐怖なき徳性は無力だ」というのが、彼らの考えであった。

これは方便ではなかった。山岳派のリーダーたちは心底から革命を支えようと、恐怖政治にはしった。革命裁判の強化は、セクションからの要求でもあった。一七九三年十月からパリでは、王妃マリ・アントワネットの処刑をはじめとして、ブリソらジロンド派、バルナーヴらフイヤン派の元議員、現議員たちも、断頭台で処刑された。中央から反革命狩りに派遣議員が送り込まれた地方では、恐怖政治の猛威はしばしばパリをしのぐほどであった。一七九四年七月末までの恐怖政治のもとで、反革命容疑で拘束された者は全国で約五〇万人、処刑された者が約一万六〇〇〇人、それに内戦地域で裁判なしに殺された者の数を含めれば約四万人にのぼる、と見積もられている。身元が明らかになっている処刑者一万四〇〇〇人のうち、六割は農民や労働大衆に属しており、貴族や聖職者は一五％にすぎない。

ロベスピエールたちは、すべての分派活動を排除しようとした。パリの民衆運動が標的になった。一七九三年秋、国民公会がグレゴリウス暦を否定して、九二年秋にさかのぼる形で共和暦を採用すると、民衆によるキリスト教否定運動が公安委員会の制御をこえて激化した。公安委員会は、民衆運動と近かった過激派（アンラジェ）とエベールたちをまず攻撃対象にし、一七九四年三月に「陰謀」という罪状で彼らを逮捕処刑する。続いて、セクション活動家の多くが拘束され、四月から五月にかけて民衆クラブも「反革命」の嫌疑で閉鎖された。エベール派の排除に協力したダントン派も、公安委員会内部の左派の要求で排除され、ダントンは処刑された。

「徳性と恐怖」を基本姿勢とするロベスピエールは、一七九四年六月八日には「最高存在の祭典」という式典を挙行した。それは革命の理念を象徴して表現する、一大政治イヴェントであった。しかし、反革命や陰謀容疑での粛清の恐怖政治は、議員を含めて多くの人たちの疑心暗鬼をつのらせていた。戦況のある程度の好転も、臨時的な戦時体制としての革命政府にたいする不満をつのらせた。ロベスピエールと彼の仲間にたいして、逆風が強まる。こうしてテルミドール（共和暦の熱月）九日、一

「信じがたい連中」の集まるカフェ　総裁政府のもとでは，恐怖政治への反動もあって，パリには派手な奇妙な格好をした「ミュスカダン」とか「信じがたい連中」などといわれる若者が出現した。裕福な階層に属する彼らは，しばしば革命派にたいして暴力をふるってまわった。

七九四年七月二十七日、国民公会はロベスピエール派をいっせい逮捕、翌日に二二名の処刑がなされた。さらに二十九日には、七〇名のパリ・コミューン議員がロベスピエール派として処刑された。

革命の収拾と総裁政府

ロベスピエール派抹殺のあとに続いた事態は、後世の歴史家によって、テルミドール反動と呼ばれた。ただしこれは反革命ではない。たしかに反革命の巻返しは、王党派を中心にパリでも地方でも起こった。しかし一七九五年六月から七月の、亡命貴族を中心にした反革命軍による侵攻は、革命軍によって阻止された。革命独裁を否定するテルミドール右派は、ブルジョワ的な共和政で革命を落着させようとしていた。経済統制は解除された。これによって闇市場は解消されたものの、一七九四年から九五年にかけての冬、民衆の生活苦はひどい状態であった。春になりパリのサン・キュロットは、四月のジェルミナル（芽月）と五月のプレリアル（牧草月）に、連続的に実力行動にでる。しかし、すでにリーダーを失っていたサン・キュロットの蜂起はいずれも鎮圧され、かえって左派の弾圧に利用された。大規模なパリ民衆運動は、一八三〇年に復活するまで封殺されたかたちとなる。所有権の絶対不可侵をうたう新憲法が制定された。一七九五年の「共和暦第三年憲法」である。参政権はふたたび、財産資格による制限選挙に戻された。革命独裁防止のために、二五〇人からなる元老院と、下院にあたる五百人議会という二院制がとられ、政府は五人の総裁による集団指導体制とされた。

新選挙での失地回復をめざした王党派は、それが阻止されると、総裁政府が確立する以前の一七九五年十月四日、パリで武装蜂起を起こした。これを軍事鎮圧する際に、砲兵隊を率いて注目された軍人が、ナポレオン・ボナパルトであった。鎮圧後、彼は国内軍司令官に任命された。ナポレオン二十六歳、破格の昇進であった。

総裁政府による政治は、左右にふれて安定しなかった。王党派の武装蜂起直後に発足した総裁政府は、はじめ左よりに位置して出発した。革命の荒波を巧みに生きぬき、権謀術数にたけたもと貴族のバラスも、有力総裁としてそれがよいと判断した。ところが、一七九六年春、私有権の廃止を唱えて武装蜂起による政府転覆を計画していたとして、バブーフと彼の仲間が摘発され、逮捕されるという「平等者の陰謀」事件が起こった。たしかに、二十世紀までを念頭においたとき、バブーフの思想は共産主義や前衛独裁理論の先駆として注目に値する。しかし、事件そのものの同時代への影響は限られていた。にもかかわらず、ふたたび左への警戒を強めた総裁政府は、今度は右にふれる。

　ところが、議員の三分の一を改選した一七九七年春の選挙では、大半が王党派で占められる結果となった。共和政の危機を感じた政府は、先手を打って九月四日、フリュクチドール(実り月)のクーデタを起こした。すなわち、総裁政府自らが軍隊を動員して王党派議員を逮捕、一掃したのである。翌九八年五月には、政府によって左派議員が排除された。これはフロレアル(花月)のクーデタといわれる。さらに一七九九年六月には、今度は左派が台頭した議会によって二人の総裁が排除された。プレリアルのクーデタである。こうした政情不安定は、一七九九年にはいってふたたび革命側に不利になり始めていた戦況とあいまって、事態収拾のために強力なリーダーシップが望まれる状況を生み出していた。軍隊を背後にもったナポレオンが脚光をあびる条件が、そろってきていた。一七九九年十一月九日、ブリュメール(霧月)十八日、ナポレオンのクーデタによって総裁政府は瓦解した。ナポレオンを第一統領とする統領政府は、革命の終結を宣言することとなる。

3　フランス革命の歴史的性格

複合革命と民衆パワー

革命が「自由、平等、友愛」を合言葉にしていたことは有名である。そのうちのどこに力点がおかれるかは、革命のいずこの派に属しているか、あるいは革命家個人によっても微妙に異なっている。しかし革命を通じて一貫していたのは、その経済政策があくまで自由化を基本にしていたことである。非常事態下での価格統制令などは、例外であった。個人による経済活動の自由、労働の自由を掲げて、アラルド法がギルドを禁止し、ルシャプリエ法はあらゆる結社を禁止した。過去の特権や規制は、すべて排除すべきものとみなされた。長期的な観点から後世までを視野におくとすれば、革命下に路線がしかれた経済における自由の原則が、フランス資本主義の発展にもたらした意義は大きい。

しかし、革命の混乱と戦争遂行のなかにあっては、自由経済の安定が実現することは無理であった。ブルジョワ内部に、うまく立ち回って成功する者と零落する者との差があったように、農民内部においても、土地を手にできた者とそうでない者との差は大きかった。経済の混乱は職人や労働者には幻滅以外ではなかった。フランス革命を、長期的な視点から資本主義の発展と市民社会の成立をうながした市民革命、さらには典型的なブルジョワ革命とする見方も過去にはあったが、これはいささか本質論に引きよせすぎて歴史の理解を貧しくするものであろう。現実の革命は、先行き不透明な状況のなかで遥かに多様な利害関係が錯綜し、社会階級ないし階層による関わり方も、遥かに複雑な様相を呈していた。

当時の定義でブルジョワとは、一定期間以上同一の町に家をもって居住し、納税して市政に貢献している市民のことであった。すでに登場した能動市民である。しかし革命の推進において、南部の大貿易商などを支持者にもっていたジロンド派と、弁護士など法曹関係者が少なくなかった山岳派とが、同様にブルジョワであっても鋭く対立するにいたったことは、すでにみたとおりである。たしかに個人の自由や私的所有権の強調という面で、フランス革命はブルジョワ革命といえる性格をもっていたが、階層としてのブルジョワの内部には微妙な、あるいは深刻な亀裂がはしっていた。

さらにブルジョワのなかには、旧王政下において官職を買って貴族の称号をえたり、土地を購入して地代収入を手にする者たちも出現していた。彼らは多く、特権と身分がものをいう社会において、経済活動に有利な条件を獲得することをめざしていたと思われる。同じく旧王政下から、新しいタイプの支配エリートになったブルジョワも少なからず登場していた。文筆家として言論界で名前を売るとか、弁護士や行政官として重要な位置に就く、といったタイプのエリートたちである。こうしたブルジョワの新エリートとの交わりから、貴族や聖職者にも自由主義的な考え方が広まっていた。したがって貴族や聖職者が、自動的に反革命側であったわけでないことは、すでにみたとおりである。

しかし、ブルジョワの新エリートたちが社会的に上昇する道筋は、王政末期になるとつまり始めていた。言論界には新参者がはいる余地は少なくなってきており、法曹界なども同様であった。エリートをめざす人たちの裾野が広がるほどに、頂上への道のりは狭く険しくなっていたのである。正確な把握は困難であるが、上昇を望みつつその道が狭くしぼられた状態が、次世代の能力ある人々に不満やストレスを鬱積《うっせき》させていたとしても、不思議はない。革命のリーダーに若い世代が多く認められ、それまでは無名であった弁護士や文筆家が少なくなかったことは、それを傍証していると解釈できるかもしれない。

職人や多様な労働者からなる都市民衆はといえば、ときにブルジョワの革命リーダーと歩調をあわせながらも、しかし独自の自律的な人間関係を保持し、固有の組織的な動きを展開していた。革命リーダーにも制御困難な暴発をともなったそのパワー、とりわけ政局の中心となっていたパリ民衆の独自な行動が、どれほど革命の推移に大きく関与していたかは、すでにみたとおりである。こうした都市民衆と、農民とは、また関心や利害のありかは同一ではなかった。農民にとっては、封建制廃止だけではなく、自ら土地をえて自営農になることが、重要な要求課題であった。

こうしてブルジョワの革命と並行して、そこに都市民衆の革命と農民の革命とが複雑にからまりながら複合革命として進行したのが、フランス革命であった。しかもそれぞれの革命の内側には、さらに複雑な関係がいりくんで展開していたのである。

人間と社会の新生という夢

革命は身分制との決別を明確にした。そして、人間と社会の新生が可能なのだという姿勢をとりつづけた。旧来の州を廃止した県の新設は、たんに行政区分の統一が目的だったのではない。全国をほぼ同面積に平等に分割し、川や山などの自然から県名をつけ、過去をすてた新生空間を生み出そうとしたのである。時間についても同様であった。共和暦とは、それまでのキリスト教の暦ではなしに、十進法にもとづいて、まったくあらたな週や月の組立てを生活の基本にしようというのである。月名には、四季の変化に対応した名称が採用された。

度量衡もそうであった。それまで地域によってまちまちであった長さや重さの単位が、全国的に統一された。メートル法やグラム単位の検討と新規採用は、たんに国内経済の活性化だけを目的としていたのではなく、過去を振り切り、全国平等な体系を実現しようとするものであった。ことばや慣習もまた、全国的に同一のものになる必要がある。それが自由と平等の基盤だ、と革命家たちは考えた。そのために、各地域の言語や習俗を調査する試みもなされた。教会が中心であった伝統的な教育体制にかわって、国民公会の時期から本格的な公教育体制確立への模索が開始された。革命下に実現する時間的余裕はなかったが。

カトリック教会は、旧王政と密接に結びついていたから、旧体制の打破を唱える革命家や民衆にとっては、教会を政治から切り離すことは重要な課題とみなされていた。教会財産の没収がその現れであったし、聖職者に革命への忠誠を誓わせる一七九〇年七月の聖職者基本法の制定も同様であった。教会の祭礼もまた否認された。かわって、革命の理念にそった祭礼が組織された。連盟祭や理性の祭典、最高存在の祭典は、そのきわめつきであった。しかし信教の自由は、革命のリーダーにとっては重要な原則であったから、革命的な民衆によって反教会運動が過剰になるのは、革命家にとっては困惑する事態であった。他方、聖職者への宣誓の強要は、村の司祭の強い影響下にあった農村地域においては、かえって革命への反発を呼ぶもとにもなった。

あらたに組織された祭礼とは別に、旧来の民間習俗における祭礼のいくつかは、革命のために新しい意味を付与されるところとなる。五月一日に若木を切り出しておこなわれる「五月の木」を中心にした豊穣儀礼は、「自由の木」を植樹する革命祭典へと組み替えられた。三色記章はじめ、さまざまな革命の象徴が用いられた。宣伝用の図像や解放のシンボルであるフリジア帽はもとより、服装や日常用品の陶器にいたるまで、多様なシンボルが革命の理念を訴えた。理性の女性像、自由の女性像、あるいは共和国の象徴としてのマリアンヌ像といった、理想化された女性の姿が、同じく革命の正当性を宣伝した。

革命は、あらたな記憶の組織化にも着手した。パリ市内のパンテオンは、革命の殉死者のための墓廟となった。芸術を特権階層の独占から奪いとり、美術館をつくって広く社会に共有化する。そのために、ルーヴル美術館に代表されるような美術館、博物館の本格的な設営も開始された。革命軍が占領した国外の地域からも、美術品は収奪された。人類の芸術遺産は革命の中心パリに集めて公開する、というのが大義名分であった。それは重要な教育手段と位置づけられた。

共和国の女性像　共和国は，普通古代的な服装をした女性像で表現された。「自由の女神」と同様である。じきにこの女性はマリアンヌと呼ばれるようになり，19世紀以降も共和主義のシンボルとして絵画や彫像で表現されていく。なお，日本では一般に「自由の女神」と表現されるが，革命派は正確には「自由」の理想を，「女性像」に託して表現したもので，「神格化」ではない。ただし，古代オリエントの女神像などが，イメージを与えていたことは想定される。

国民国家と排除された者たち

フランス革命が明確にした重要な政治的原則は、国民主権の確立である。国家政治の主体は国民である、と明言された。アンシアン・レジームにおいては、人々は職能、地域、身分などに基づく中間社団のなかで暮し、国家政治はこれらの社団を通じて社会を掌握していた。革命はこうした特権的身分や自律的な社団を否認し、個人を国民として直接把握するとともに、国民を政治主体として認知しようとした。

しかしすでにみたように、この政治主体としての国民からは、資産のない人たちは除外され、女性もすべて排除されていた。三部会選挙にあたっての陳情書には、女性の要求や女性からの陳情もみえていた。そしてヴェルサイユ行進に顕著であったように、革命の節々で女性たちの動きが革命の推移に大きく関与することもあった。しかし議会内外の革命家にしても、民衆運動家にしても、女性は政治にはかかわらないのが当然だ、とする姿勢が一般的であった。男性中心主義といってもよいが、女性にたいする教会の影響力を恐れていた、という側面もある。女性は家庭を中心にすべきだとする性別役割の固定観念が、男性革命家をとらえていたことは確実であった。

こうした状況に強く反発する主張が、女性自身によって表明された。人権宣言が男性市民しか念頭においていない、と批判して「女と女性市民の権利の宣言」と題するパロディ版を公表したのは、オランプ・ド・グージュという女性であった。もっと過激に革命の徹底を主張し、行動に移そうとした女性たちもいた。しかし一七九三年秋に国民公会は、すべての女性クラブを禁止した。過激な女性たちの行動が状況を不安定にし、反革命につながるというのが、その理由であった。女性は家庭にという考え方は、テルミドール以降も同様であった。革命期に認められたのは、結婚と離婚における男女同権のみであったが、やがてナポレオン体制下に固められた民法は、男性家長の優位を決定づけ、離婚は、王政復古期にはふたたび禁止されてしまうことになる。

国民国家の理念は、平等の実現という理想と結びついて、かえって、革命の中心パリとは異なる歴史的過去や文化をもった地域にたいしては、中央にならうべきだという圧力として作用した。たとえば言語は地域ごとにばらばらであってはならず、中央の言語に統一されることで、革命の進歩と文明を享受できるのだ、と。革命の時期には、こうした押付けは恐怖政治や弾圧を招くことはあっても、地域の変貌をよぎなくさせるところまではいかなかった。したがって革命後の十九世紀のフランスでは、国民形成のための政策が、教育をはじめとして多様な部門で、大きな焦点になっていくのである。

人は生まれながらにして平等だという理念は、革命の重要な原則とされてはいたが、現実は簡単ではなかった。奴隷制は一七九四年二月に廃止されるが、一八〇二年にはふたたび合法化され、全面的な廃止が実現するのは一八四八年革命をへたのちとなる。植民地は、十九世紀以降になってかえって拡大の対象になるであろう。カリブ海にあるフランス領サン・ドマングでは、ちょうどフランス革命と軌を一にするように、一七九一年に黒人のトゥサン・ルヴェルチュールをリーダーとする奴隷反乱が起こった。しかしフランス本国の革命家たちは、黒人奴隷たちの独立への意志をよく理解することはなかった。ナポレオンの時代になってトゥサン・ルヴェルチュールは捕えられ、フランスで獄死する。しかし現地の運動はやまず、一八〇四年にはハイチという国名で独立をはたすのである。

4 ナポレオン帝政

皇帝への道

ナポレオン・ボナパルトがコルシカ島に一七六九年に生まれたとき、島は前年にフランス領になったばかりであった。ナポレオンはフランス本土の兵学校で軍人への道を歩み出したのだが、その時点では、ルソーの思想に関心をよせてはいたものの、その後の生涯を予想させる要素はほとんどなかったといってよい。革命がなかったなら、皇帝ナポレオンも存在しなかったにちがいない。

軍務に就きながら、ジャコバン派を支持したナポレオンは、それゆえテルミドールの反動で一時立場が危うくなったが、先述のように、王党派の武装蜂起鎮圧に功をあげて国内軍司令官に昇進した。総裁の一人バラスが、この時期のナポレオンの庇護者であった。ナポレオンは一七九六年春からのイタリア戦線で、司令官としての才能を示したばかりでなく、自らを賞賛させるような情報を巧みに本国に流した。ついでイギリス方面軍司令官になると、正面攻撃にでるのではなく、まずイギリスをインドと切り離し、地中海東部を制圧しようと、一七九八年五月からエジプト遠征を敢行する。長期に

アルプス越えをするナポレオン　イタリア戦線に向かう若いころのナポレオンを英雄的に描いたダヴィッドの絵。ナポレオンは，自らのイメージを国民全体に強くアピールすることを，大変重視していた。

およんだエジプト遠征は失敗であったが、第二次対仏大同盟を相手にしたフランス革命軍は、ヨーロッパ戦線で苦戦していた。しかも総裁政府では、クーデタの可能性が取りざたされていた。

一七九九年十月、ナポレオンは急ぎ帰国した。しかしすぐに行動に移るのではなく、パリの政治情勢を冷静にみきわめたうえ、十一月九日、ブリュメール十八日、軍勢を率いてクーデタを決行した。五人の総裁はあっけなく排除され、五百人議会内の左派の抵抗も破られた。総裁体制の終焉、統領制の発足である。十二月十五日、「共和暦第八年憲法」が発布された日、統領政府は宣言した。「市民諸君、革命は開始当初の原則に固定された。これで革命は終わった」と。

第一統領のナポレオンが絶大な権限をもち、四つの議会に分散された立法権は事実上政府に委ねられた。県や市町村の行政区分は革命以来のものが踏襲されたが、それぞれの長は任命制にされ、とくに地方において政府を代表する県知事の権限は強力となった。ある意味で、王政期からの継続的な課題であった中央集権的な行財政機構が、軍事力を背景としたナポレオンの権威のもとで現実化していったのである。

財政再建は、徴税機構の中央集権化、中央銀行としてのフランス銀行の設立、一八〇三年のジェルミナル・フランの制定などによって、好転した。政治の安定は、経済活動の活性化の条件となった。ブルジョワも労働大衆も、賛同しないわけにいかない。革命期になされた国有財産の分割売却は追認され、土地をえていた農民たちは安心した。

こうして広い社会層からの支持をとりつけたナポレオンは、革命は終わったと何回となく繰り返すと同時に、自分が革命の成果を引き継ぐ者だと言明した。彼は国内対立の調停者として自らを打ち出すと同時に、革命の成果を守る平和を自分こそは実現できるのだとして、一層の地位の確立をめざした。一八〇一年にはリュネヴィル条約でオーストリアと、パリ条約でロシアと、〇二年にはアミアン条約でイギリスと、当面の講和が成立した。革命勃発以来対立していたカトリック教会との和解の模索は、一八〇一年七月、ローマ教皇との和解の協約、コンコルダートとして結実した。フランスにおけるカトリック教会の復権が承認され、かわりに教会は革命による土地改革を追認した。ナポレオンは、革命で確認された信教の自由を継承して、プロテスタントやユダヤ教の信者にも信仰の自由を認めた。

革命の落着が順調に進んでいるとみたナポレオンは、一八〇二年八月、「共和暦第十年憲法」によって終身統領制を制定し、自らその職に就いた。権力を集中したナポレオンにたいしては、すでに何回か暗殺計画が繰り返されていたが、一八〇四年に発覚した暗殺計画が王党派がらみであったことを、彼は巧みに利用した。革命の成果を守るには、強力な世襲皇帝がその守護者となっていく必要がある、と。こうして一八〇四年五月十八日、皇帝ナポレオン(在位一八〇四〜一四、一五)が誕生した。国民投票は、圧倒的多数でこれを承認した。同年十二月二日、パリのノートルダム大聖堂において、ローマ教皇立会いのもと、戴冠式が挙行された。戴冠は、教皇の手によってではなく、ナポレオン自身の手によってなされた。

帝政期の社会と経済

革命をへてフランスの人口動態には、アンシアン・レジームとは異なった傾向が生じていた。それは婚姻率の大幅な上昇と、出生率、死亡率とものかなりの減少であった。出生率減少には徴兵の影響もあった可能性があるが、人工的な産児制限が、民衆階層にまで広まってきていたのは確実であった。革命戦争とナポレオン戦争による人口損失は、最大限一〇〇万人程度ではなかったかと見積もられている。帝政期には、ひどい食糧危機はめぐってこなかった。アンシアン・レジーム末に二八〇〇万人と推定されている総人口は、革命と帝政をへた一八二一年には、約三〇五〇万人に増加している。社会的な人口構造は、結局のところアンシアン・レジーム末期と、それほど根本的には変化しなかった。地域間での人口の季節的移動は相変わらず大きく、農村人口の比重は高いままであった。パリやリヨンなど、革命期に人口が減少した大都市は、帝政期に減少分を取り戻すのがやっとであった。

このような状況においては、ナポレオンが農民の支持を逃さないように心をくだいたのは、当然であったといえよう。土地を所有する農民の増加は、同時に零細自営農の増加でもあった。封建制は廃止されたものの、地代に苦しむ農民も少なくなく、さらに私的所有権の絶対化からくる共同地の囲い込みは、その用益権喪失に苦しむ農民を生み出していた。亡命貴族の一部は帰国を始めていたし、聖職者も勢力を盛り返しつつあった。ナポレオンが革命の成果の継承を説いたのには、こうした現実の情勢が背景になっていた。帝政にとっては幸いに、農村でも都市でも労働者の賃金は上昇局面にあったので、民衆騒擾《そうじょう》につながるような動きは起きなかった。革命の混乱ののち、人々は安定を求めていた。

財産による社会的、政治的な階層秩序化は、帝政下に一層明確になった。ナポレオンは、金銭にものいわすような人物は最低だといいつづけはしたものの、共和暦第十年憲法で参政権を認められたのは各県の上位納税者六〇〇人であり、彼らが地域の名士層を形成して幅をきかすようになる。大土地所有者であるブルジョワや旧貴族、それに大商人やいくらかの弁護士など自由業の者が、名士層を形成した。権威的な階層秩序の形成は、軍人ナポレオンの願うところであった。皇帝となった彼は一八〇八年、旧貴族とは別に新しい貴族の爵位を、国家への寄与に応じて与える制度を制定した。生まれによる身分階層ではなく、能力と貢献による階層秩序の形成だ、と強調された。ナポレオンが、統領体制のもとで新設したレジオン・ドヌール勲章にこだわったのも、同様の理由であった。しかし、共和国への貢献者におくられるはずであった勲章は、皇帝に貢献した軍人に圧倒的に有利に授与されるようになった。

他方、革命の成果の継承というナポレオンの姿勢は、けっして見せかけだったわけではない。それがはっきり示されたのは、一八〇四年三月に発布された民法典であった。一八〇〇年から開始されていた検討には、ナポレオン自らが積極的に参加していた。のちにナポレオン法典と呼ばれるようになる民法典では、法の前での平等、信仰や労働の自由、私的所有権の絶対と契約の自由とが確認された。また、秩序の安定と権威の継承のために、家族関係の安定的維持が目標とされた。妻が夫に従い、父親の強力な家長権のもとにまとまる家父長的な家族が理想とされた。これらが、近代市民社会を支える原則とみなされたのである。女性の社会的地位は、十八世紀よりもむしろ後退して位置づけられた。

帝政はまた、権威と秩序を保障するものとして教育をとらえた。一八〇六年に制度化されたユニヴェルシテは、通常の意味での大学ではなく、統一的な教育にあたる教師を独占的に管理する社団という性格であった。しかし初等教育は、実質的に聖職者によって担われており、帝政が独自色を発揮したのは、あらたに発足したリセという男子高等学校であった。しかしこの全寮制のリセの生徒になれたのは、裕福な階層の子弟のみであった。

ナポレオンのもとで中央集権的な行財政機構が整備されたことについては、先述した。帝政は戦費調達という目的もあって、タバコやアルコール飲料や塩など、物品にかける間接税を強化した。しかしそれでも十分ではなく、結局銀行家たちや大商人たちの連合体から借り入れてまかなった。未売却分の国有財産が、償還のために用いられることになった。しかし戦線の拡大と慢性的な戦争状態は、国庫に余裕を与えることはなかった。

ナポレオンは、農民層による支持という点からも、社会の安定のための食糧確保という点からも、農業を重視した。経済活動や労働の自由を原則とはしていたが、商工業については国家の保護的な関与を政策とした。それは、先行するイギリス経済との対抗上、必要とみなされた。技術革新への援助や、道路や運河などのインフラの整備、金融面での優遇などである。ナポレオンが一八〇六年に、占領中のベルリンで発した大陸封鎖令は、一切のイギリス商品の大陸市場からの締出しを目的にしていた。封鎖によって、最大の宿敵イギリスの経済に打撃を与えるのみならず、綿織物工業など、フランスでも興りつつあった工業化に大陸市場の刺激を与えようとねらったのである。

たしかに国内市場を対象とした工業化は、ある程度始まっていた。しかしフランスの工業はまだ、近代化の途についていたのはごく一部で、毛織物業や絹織物業などでは、いぜんとして旧来の生産の仕組みが有力であった。大陸市場を商品が流通するには、内陸交通の発達も不十分であった。農業の優位もゆらいでいなかった。逆に大陸封鎖やイギリスとの戦争の継続は、フランスの有力港の商人たちに大打撃を与えることとなった。マルセイユやボルドーの商人たちが、反ナポレオン側に与《くみ》するようになったわけである。

ヨーロッパ支配の野望と挫折

革命を実現したフランスが、古い体制にあまんじているヨーロッパ諸国に革命的変革を輸出する、という文明的使命は、ジロンド派もジャコバン派も主張したところであったが、ナポレオンもそれを共有していた。巧みに軍事的才能を認知させて台頭した彼は、その基盤を軍隊におき、ヨーロッパへの戦線の拡大と勝利をめざすようになる。

一八〇三年五月、イギリスがアミアン条約を破棄し、〇五年八月には第三次対仏大同盟が、イギリス、オーストリア、ロシアのあいだで結ばれた。ナポレオンは、イギリス本国に直接侵攻する計画を立てた。しかし十月、フランスとスペインの連合艦隊は、ネルソン提督率いるイギリス艦隊にトラファルガル沖の海戦で敗れ、イギリス本土上陸作戦は放棄せざるをえなくなった。ナポレオンは、戦闘の焦点を大陸内に移した。

ミュンヘン、ウィーンに侵攻したナポレオン軍は、一八〇五年十二月、アウステルリッツでオーストリア、ロシアの両皇帝軍と会戦し、これを撃破した。オーストリアは和平をよぎなくされ、ロシアも翌年六月には和平を結んだ。こうして第三次対仏大同盟は瓦解したが、すぐに第四次の同盟が成立する。今度はオーストリアのかわりに、プロイセンが参戦してきた。プロイセンは、フランスが西南ドイツに結成させたライン同盟に、危機感をつのらせていたからである。

はじめ攻勢にでたのはプロイセンであったが、劣勢を挽回したナポレオン軍は一八〇六年にはベルリンを攻略し、その地で大陸封鎖令をだしたことは先述のとおりである。さらにポーランドまで攻め込み、革命の理念を説くナポレオンを、ポーランドの人たちは国家再建のきっかけにしようと歓迎した。翌一八〇七年、雪解けとともに攻勢を再開したナポレオン軍は、六月には東プロイセンでロシア軍と対決し、これを破った。七月、ロシア国境に近いプロイセン東部のティルジットで、フランスとロシア、ついでフランスとプロイセンのあいだに、講和条約が締結された。ロシアはナポレオンの大陸政策を承認せざるをえず、プロイセンは賠償金のほか、エルベ川以西の土地をフランス軍占領下におくことに同意せざるをえなかった。一八〇七年、ヨーロッパの平和再建者としてパリに凱旋したナポレオンにとって、残された敵はいよいよイギリスのみであるかのようにみえた。

しかしすでにみたように、ベルリンで発した大陸封鎖令は、イギリス経済をたたくばかりでなく、かえってフランス国内に反対派を形成させ、またプロイセンやロシアなど、イギリスへの穀物輸出が重要だった国には、反発の動きを誘発していた。

一八一二年の時点で、ナポレオンが率いるフランス帝国は、オランダ、北西イタリアなどを併合し

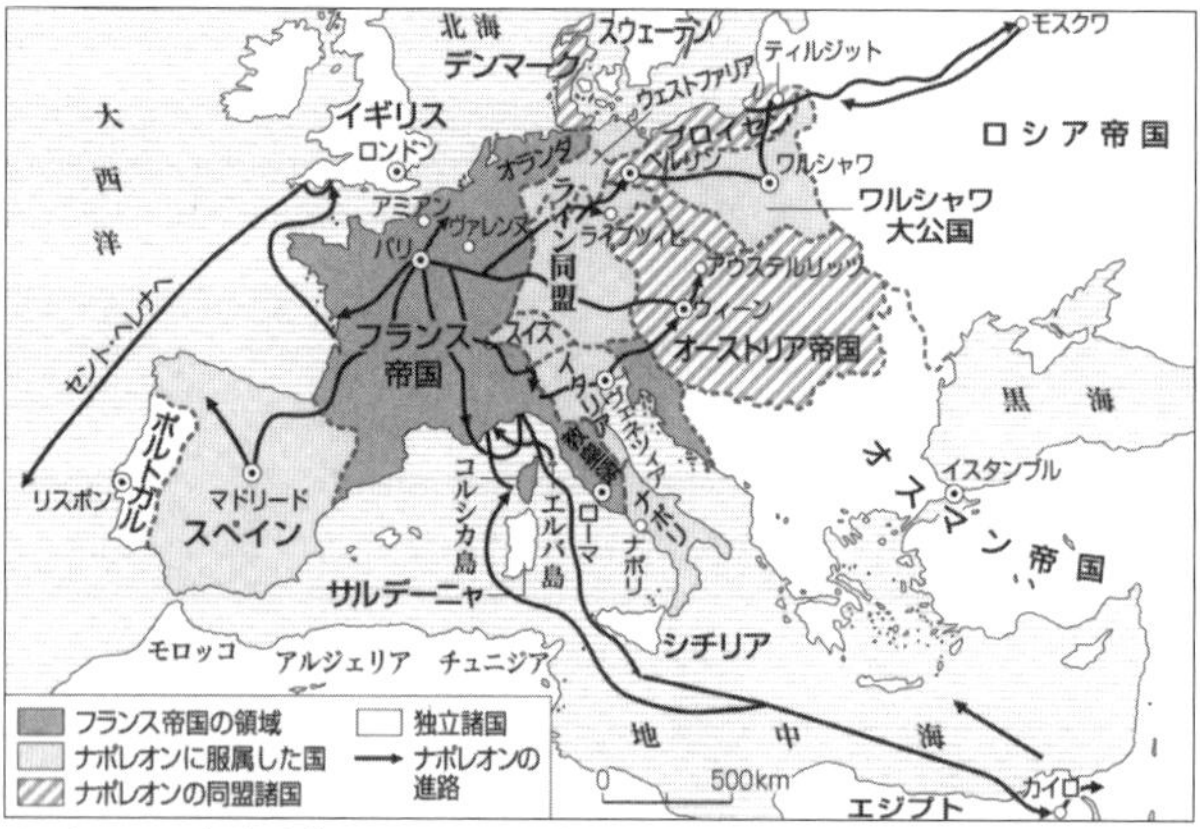

ナポレオン全盛時代のヨーロッパ(1810〜12年)

て一三〇県にふくれあがっていたばかりでなく、西ドイツ、イタリア、スペインには傀儡《かいらい》政権をおき、プロイセン、オーストリアは同盟国としていた。北ヨーロッパを除外すれば、完全な独立状態を維持していたのはロシア帝国とオスマン帝国、それにイギリスのみとなっていた。

しかしこのナポレオンの大帝国には、もろい基盤しかなかった。彼は、すでに従属国の元首には自分の家族をあてるなど、身びいきを始めていた。それは革命の理念などとはまったく関係のない、逸脱であった。しかも身内は権力におぼれ、政治についてもきちんと理解してはいない。ナポレオン率いるフランス軍に制圧された地域では、いかに革命理念が宣伝されようとも、否むしろ宣伝されるほどに、国民としての結束と占領するフランス軍への抵抗が意識されていった。

フランス革命の推進者や支持者にとって、とくに革命戦争が本格化して以降、合言葉であった「国民万歳」とは、自由と平等の理想を実現しようとしている革命の祖国に、自分を同一化しようとするものであった。まだナショナリズムという表現はなかったが、これはその先駆であった。この革命のナショナリズムは、自分たちを国境の内部に囲い込むよりも、ヨーロッパ全体にその同志を広げていくべきユニヴァーサリズムを共有していた。ナポレオンによる戦線拡大は、まさにそれを大義名分にしていた。

しかし、自由と平等の理念に基づく旧体制からの解放と、国民としての自立という考えがヨーロッパ各地に広められていくと、大義名分からの逸脱すらみられるフランス占領軍にたいする解放の狼煙《のろし》が、占領された各地にあがっていく。プロイセンにおける有名なフィヒテの講演「ドイツ国民に告ぐ」は、その典型であった。スペインでは、革命の理念を掲げて侵攻したフランス軍にたいして、市民や農民による抵抗が激しく生じた。とくに農民によるゲリラ戦は、ナポレオン軍を泥沼の戦闘に引きずり込んだ。一八〇八年十一月、ナポレオンは自ら一六万の大軍を率いてスペインに侵攻し、自由主義的な改革などを宣言した。しかしゲリラ戦はやむことがなく、翌年一月には撤退をよぎなくされた。

スペインでの混乱に乗じて、オーストリア軍が反撃にでた。これは、逆にナポレオンが制圧した。皇妃ジョゼフィーヌとのあいだに後継ぎが生まれなかったナポレオンは、彼女を離婚し、オーストリア皇女マリア・ルイザ（マリ・ルイーズ）との再婚を決めた。一八一〇年春に再婚が成立し、翌年三月には待望の男子が誕生した。オーストリアとの関係を緊密にしたナポレオンは、ロシアを制圧するという野望をいだくようになる。それは、大陸政策の完成をもたらすはずであった。きっかけを与えたのは、一八一一年の経済危機であった。イギリスへの穀物輸出を継続しているロシアを制裁するべく、ナポレオンは一八一二年六月、ロシアへの侵攻を開始した。

予想に反し、ロシア軍はひたすら撤退した。追うナポレオン軍は、モスクワまで深追いしすぎた。ヨーロッパの従属国からの寄せ集め軍は、はじめから士気が上がらない。フランス兵は約半分、三〇万にすぎなかった。ロシア軍は撤退しながらモスクワに火を放ち、厳寒の冬将軍到来を前にナポレオン軍が撤退を始めると、こんどは追討ちをかけてきた。遠征は、無残な敗北であった。

モスクワ遠征の失敗は、占領されていたヨーロッパ各地で、反ナポレオンの動きを誘発した。ついに一八一三年十月、ナポレオン軍一六万はライプツィヒで、オーストリア、プロイセン、ロシアを中心とする同盟軍三二万と戦火を交え、敗走をよぎなくされた。いっせいにナポレオン軍への反旗がヨーロッパ全体にひるがえるところとなった。一八一四年にはいると、同盟軍は一気にフランス領内に進軍し、ついに三月末、パリが陥落した。四月二日、変わり身の早い政治家たちは元老院で皇帝廃位を決定し、六日にはルイ十八世(在位一八一四～二四)の復位を決めた。ナポレオンは、地中海のエルバ島の支配権と歳費の支給を同盟国から保障されるという条件で、自ら退位を認めざるをえなかった。事実上の流刑であった。

しかし、革命とナポレオン戦争による混乱に後始末をつけるはずのウィーン会議は、難航した。ナポレオンは、エルバ島にいてもヨーロッパ情勢の情報を的確につかんでいた。一八一五年二月、一〇〇〇名たらずの手勢を率いたナポレオンはエルバ島を脱出し、パリへと進軍を始めた。途中、阻止する動きは生じなかった。むしろ軍勢をふやしたナポレオン一行は三月二十日、「皇帝万歳」の声のなかパリに戻った。すでにルイ十八世は、前夜ひそかにパリを脱出していた。

ナポレオンは、いわゆる自由帝政といわれる新憲法を発布し、復古王政に不満をつのらせていた民衆から支持を受けて、国民投票で承認された。しかしブルジョワも名士層も、混乱のもとになって戦争をもたらすこの男に、もはや信頼をおいていない。ウィーン会議に集まっていた諸国は、徹底的にナポレオンをたたくことを決定する。全ヨーロッパを敵にまわしたナポレオンに、もはや勝ち目はなかった。運命の決戦はワーテルローでおこなわれた。敗れたナポレオンは、最終的に退位に同意をよぎなくされた。六月二十二日であった。ナポレオンの復帰は「百日天下」に終わった。

遠くアフリカの沖合い、セント・ヘレナ島に流刑になったナポレオンは、厳しい監視のもとで息を引き取った。一八二一年五月五日である。ナポレオンは生前から、情報操作の重要性を認識していた。セント・ヘレナ島でつきそっていた腹心の回想などからすると、晩年の彼が自分に認めたかったのは、誠心誠意をつくした「革命の子」という姿であったようである。彼の死後、このイメージは復古王政の反動化がひどくなるなかで、人々のあいだにふくらんでいった。ナポレオン神話は、やがて十九世紀なかばには、ナポレオン三世誕生にも一役かうことになるであろう。

第六章

近代国民国家への道

1 最後のブルボン王朝

ポスト・ナポレオン

フランスの十九世紀はよく「波瀾万丈の世紀」だといわれる。政変につぐ政変、革命とその反作用があくことなく繰り返された。しかもそれらがフランス一国だけで自己完結せず、その一挙手一投足がヨーロッパ大陸諸国の痙攣《けいれん》を誘発した。たとえば、一八三〇年の七月革命と四八年の二月革命はともにヨーロッパ各地に飛び火し、ドイツやイタリアをはじめとする自由主義・国民主義運動の激発をもたらすヨーロッパ革命であった。ルイ十四世の時代がフランスの黄金時代だという理解もあるが、十九世紀の場合は王侯貴族による表層的な国際性にとどまらない。その政治的影響力は民衆運動レヴェルにまでおよび、各地での国民意識形成の触媒となった。深さと広がりにおいて「大王の世紀」を遥かに凌いでいるといってよい。そのことは、この世紀のフランスが前世紀末の革命と、ナポレオンによるヨーロッパ支配の「記憶」と一体化し、周辺諸国からその延長線上にイメージされつづけたことによっている。一般に、十九世紀は七つの海を支配した大英帝国の世紀（パクス・ブリタニカ）だと考えられがちだが、それは産業革命の先行による経済力と世界システム論レヴェルでの話であって、政治的・思想的次元でみてみると、フランスの文化へゲモニーは少なくとも普仏戦争までのヨーロッパ大陸では、イギリスにひけをとるものではなかった。

一国史的視点に戻っても、十九世紀のフランス史は、フランス革命のドラマを一〇〇年の長いタイム・スパンで再演してみせたものだといわれてきた。たしかに、王政から社会的共和政まで、革命の懐の深さにみあったかたちで、以後さまざまな「力競《くら》べ」がおこなわれる。そうした政治的ドラマの結果、フランス革命理念が徐々に実体化し、十九世紀末の第三共和政でほぼ制度的に定着したとする見方である。この解釈は大筋では間違っていないが、今日では時間の幅をもう少し長くとってみる必要があるだろう。少なくとも二十世紀末までのもう一〇〇年、革命理念はその影響力を保ちつづけるからだ。さしあたりこの章では、ナポレオン以後、十九世紀末およびベル・エポックにかけて、革命理念のなにが実現され、なにが排除されたのか、あるいはなにがつぎの一〇〇年にもちこされたかということをみきわめておくことが大切だろう。したがって、以下ではこのような課題を念頭においたうえで、十九世紀フランスの政治的ドラマとその舞台裏で進行する社会的な諸問題を考え合わせていくことにしたい。

憲章体制とカトリック的フランスの再建

一八一五年、ナポレオンがセント・ヘレナに流されて、多くの亡命貴族《エミグレ》たちが、ブルボンの白旗とともに帰還した。彼らは、革命期に接収され国有財産として売り立てられた自分の館や土地を取り戻そうと、古証文片手に新しい所有者に迫る。社会を革命前に復そうというわけである。だが、そう単純に事は運ばない。メッテルニヒのヨーロッパ再編がそうであったように、ルイ十八世のフランスも歴史の歯車を四半世紀逆戻りさせるのに成功しなかった。アンシアン・レジームの爵位貴族は復活したが、封建的・身分的特権は復活したわけではない。所有権の不可侵が再確認され、革命期に亡命貴族や教会の資産を購入した人々の既得権は保証された。法のもとの平等、出版の自由も認められ、イギリス風の二院制議会が導入された。これらは、一八一四年六月四日に公布された憲章《シャルト》に定められている。ある意味では第一帝政(ナポレオン帝政)期より自由主義的といえなくもなかった。

とはいえ、ルイ十八世や亡命貴族たちの意識は反革命とアナクロニズムに満たされていた。憲章は議会で決められたのではなく、国王が「王権の自由な行使によって」上から国民に与えたものであり、憲法《コンスチテュシオン》という語を前面にださなかったのもその意識の表現である。二院制議会といっても上院は世襲の議員からなる貴族院であり、下院の被選挙権は一〇〇〇フラン以上の納税者、選挙権も三十歳以上の男子で、かつ三〇〇フラン以上の納税者と、きわめて限定されたものであった。有権者は三〇〇〇万の国民のうちわずか九万人（被選挙権者は一万六〇〇〇人）にすぎず、しかも議会は法案の発議権をもたなかった。立法・行政・司法の三権を掌握する国王には、さらに非常大権が認められた。君主権は神によって与えられたものとする王権神授説が、まさに亡霊のようによみがえっていた。この亡霊が、基本的人権、法のもとの平等という近代国民国家の原理と、じつに奇妙なバランスをとっていたのが「憲章体制」である。

アナクロニズムの最たるものは宗教政策であろう。かつてアンシアン・レジーム下のカトリック教会は、国教として王権と一体化し、文化・行政の両面で絶対王政を支えていた。全国に網の目のように張りめぐらされた教区教会は、住民の出生、結婚、埋葬などの記録を一手におさめ、戸籍業務を肩代わりしていた。民衆向けの教育、福祉、医療などの機能もはたしていた。少しおおげさにいえば、教会は民衆の日常生活のリズムをきざむ存在であり、いわば絶対王政による臣民統合の要石《かなめ》だったのである。

これにたいして、フランス革命は絶対王政の打倒を課題としていたから、その支柱であるカトリックを徹底的に攻撃せざるをえなかった。修道院の解体、教会財産の国有化に始まり、聖職者の公務員化と教区の統廃合、公民宣誓の強要、鐘楼の徴用、そして聖職者の還俗と妻帯の強要にまでいたっている。さらにはグレゴリウス暦を廃止して時間を世俗化し、宗教的地名を改変して空間を世俗化した。

一連の非キリスト教化運動は文字どおり文化革命なのであった。ナポレオン時代にはたしかに揺り戻しがあった。一八〇一年ナポレオンは教皇庁と和解の協約(コンコルダート)を結び、カトリックを「大多数のフランス国民の宗教」と規定した。教会を徹底的に国家に包摂し、民衆統合に利用するためである。

したがって、ブルボン王政復古は、四半世紀にわたる屈辱をたえしのんできた彼らにとって、積年の恨みをはらすこのうえない好機であった。国教の地位を取り戻したカトリック教会は、ふたたび王権の正統性を保証する存在となった。日曜(安息日)休日を義務化し、聖体祭には各戸に飾り付けを命じる王令をださせた。一八一五年一月二十一日、つまりルイ十六世の命日に彼とマリ・アントワネットの遺骸(とされたもの)が、歴代王家の墓所であるサン・ドニ聖堂に移され、贖罪のミサがとりおこなわれた。全土の教会で悔い改めの鐘がなり響く。この日はやがて国民服喪の日として休日にされるだろう。だが、この一八一〇年代、ルイ十八世の治世前半においてはカトリックの完全復活にはいたっていない。ナポレオンが教皇庁と結んだコンコルダートの枠組みは、なお基本的に維持されていた。

ユルトラ反動へ

ナポレオンの百日天下がワーテルローの野についえた直後には、南フランスを中心に白色テロルが吹きあれた。ボナパルト派の軍人、共和派系市民が王党派群衆に囲まれ凄惨なリンチを受けている。

ブリューヌ、ネイといった名だたる将軍がつぎつぎに無残な最期をとげた。臨時即決裁判所がつくられ、全土でおよそ二〇〇〇人もの人々が犠牲になっている。南仏ではカトリック系住民によるプロテスタントの大量虐殺がこれに並行した。逮捕者七万人、政治犯およそ九〇〇〇人。こうした報復状況のなかでおこなわれた八月の下院議員選挙では、じつに王党派が九割以上の議席を占めてしまったのである。この「またとみいだしがたい議会」と呼ばれた議会では、「国王より王党派的」なユルトラ(超王党派)が勢力を伸ばし、封建的特権や十分の一税、カトリック支配の復活まで唱え出した。彼らは議会主権をふりかざして皮肉にも国王と対立する事態にまで発展する。彼らの理想が集権的な絶対王政ではなく中世的な「分権的」王政にあったためである。

こうして、ユルトラの議会はルイ十八世によって解散させられ、一八一七年十月の選挙では立憲王党派が多数を占めるという事態が生じた。この立憲派に後押しされたリシュリュー内閣とドカーズ内閣のもと、一八二〇年までのフランスは多少とも自由主義的な議会政治を体験する。弁護士ロワイエ・コラール、歴史家ギゾーら純理派と呼ばれる一派がドカーズのブレーンとして、軍制の民主化(サン・シール法)や出版検閲制の廃止などを推し進めた。この間、賠償問題を解決して占領軍の撤退を実現し、一八一八年には四国(五国)同盟に加入して国際社会への復帰もはたしている。下院も毎年五分の一を改選する規定によって自由主義的立憲派、ボナパルト派、さらには共和派まで、中道・左派の進出はめざましかった。ラファイエット、グレゴワール師といった革命期に活躍した人物や、共和派的傾向をもつ異色の銀行家ラフィットらがつぎつぎに当選した。

このまま順調にいけば、自由主義的な立憲君主政が定着するかに思われた矢先、ベリー公暗殺事件が起こった。一八二〇年二月十三日、王弟アルトワ伯の次男で王位継承予定者のベリー公がオペラ座前で刺殺された。ブルボン家の断絶をねらった政治テロであった。公妃はすでに懐妊していたので暗殺者の目論見《もくろみ》はついえたが、逆にこれをきっかけとして激しい政治反動が引き起こされた。ドカーズ内閣は倒れて出版検閲制が復活し、高額納税者に二度投票権を与える二重投票法が導入される。こうして一八二一年十二月には、ユルトラのみで構成するヴィレール内閣が成立した。

アルトワ伯のまわりに結集したユルトラは、教会聖職者との連携を一層深め、まず教育制度におけるカトリックのヘゲモニー回復への道を開いた。国家的偉人をまつったパンテオンからヴォルテールとルソーの遺骸が撤去され、リベラルな教授の罷免や辞職があいついだ。一八二二年には高位聖職者フレシヌス猊下《げいか》が、大学局《ユニヴェルシテ》総監に任命され、中・高等教育にまで教会が影響力を行使するようになっていた。ソルボンヌではギゾーや哲学者クーザンの講義が廃止され、リヨン大学では司教が教授を任命するまでになった。左派系世論は、「コングレガシオン」と呼ばれる略式誓願修道会が秘密結社のように暗躍していると指弾した。これを後押しするイエズス会は優秀な教授陣を誇り、アンシアン・レジーム下のフランスでも多くの名門コレージュを擁した。同修道会は高等法院と衝突したため、革命前に国外追放処分になっていたが、この王政復古に乗じて復活していた。神学校を再開し、中断していた聖職者養成を軌道にのせることもカトリックの悲願であった。このユルトラ反動のなかで、ルイ十八世はスペイン革命への軍事干渉(一八二三年)を最後に、一八二四年九月十六日に他界する。後継者はユルトラのリーダーであるアルトワ伯、シャルル十世(在位一八二四〜三〇)であった。

シャルル十世の戴冠とカトリック反動

一八二五年五月二十九日、シャルル十世はわざわざシャンパーニュ地方のランスに赴き、当地のカテドラルで塗油の儀礼を受けて聖別された。ランスは五世紀の「クロヴィス受洗」の故事にならい、歴代フランス国王の戴冠・成聖式がおこなわれる「記憶の都市」であった。かのジャンヌ・ダルクがシャルル七世をかついで戴冠式をおこなわせたのもこのカテドラルである。王権神授説にのっとったこの儀式では、クロヴィス以来の由緒正しい聖油瓶にはいっている油を塗るのが習わしであった。だが、この聖油瓶はフランス革命の非キリスト教化運動の際、こなごなにされているはずであった。教会は、信者が拾い集めておいた破片からわずかにこびりついていた油をかき集め、それをもとに新しい聖油と聖油瓶をつくりなおしたのだと強弁している。宝石をちりばめた金の箱におさめられた真新しい小瓶が最後のお勤めをはたし、大司教と祭壇の前に平伏したシャルル十世を参列者はラテン語で「国王万歳!」と祝福した。翌日には、十一世紀以来の故事にちなみ瘰癧《るいれき》患者にふれて「治療」する「ロイヤル・タッチ」の儀式までおこなっている。十九世紀になってまでの古式の踏襲はさすがに時

「シャルル10世の聖別戴冠式」　ランス大聖堂で，古式にのっとり大司教によって聖別される新国王シャルル10世。ジェラール画。

代錯誤の誹《そし》りをまぬがれず、パリに帰還した国王に民衆の反応は冷ややかだった。

だが、敬虔なるユルトラ、シャルル十世のお墨付きはカトリック教会を勢いづかせた。彼らは革命期に失った信者の再獲得をめざし、精力的な国内伝道を展開する。たとえば一八二五年フランシュ・コンテ地方のブザンソンでは数十人の聖職者を動員し、じつに七週間にわたって伝道活動をおこなっている。革命期の「受難」は、一部ではむしろ信仰心を深め、フランス社会の再キリスト教化への使命感を自覚させる結果ともなった。イエズス会の宣教師などは、各地の信者たちに「国王万歳！　ブルボン家万歳！」と唱和させている。フランス・カトリックの根強い政治性を物語るものである。同じ一八二五年四月には瀆聖取締り令が布告された。これは、当時頻発していたという教会の聖器盗難事件を取り締まるものであったが、もっとも重い罪には死刑という極刑が課せられたうえに、死刑執行に先立って犯人の手首を切断するという残酷な処罰まで規定されていた。

　このいわゆるカトリック反動期にユルトラ政権が取り組んだ最大の政治課題は、革命期に没収された教会や亡命者の財産にたいする賠償問題であった。ヴィレール内閣は一八二五年四月、国債を起こして彼らに賠償する法案を成立させた。賠償額はおよそ一〇億フラン、恩恵を受けた貴族は六万七〇〇〇人にものぼった。売却されていなかった資産については返却する法律が、すでに一八一四年末に成立していた。買い戻されたものとあわせて約半分はもとの所有者の手に戻ったという。この「亡命貴族の一〇億フラン法」と呼ばれる法律によって、大貴族はおおいに潤ったが、多くの亡命貴族は多少の賠償金を手にしただけでもとの所領を回復する道を断たれた。むしろ一〇〇万人以上と見積もられる国有財産取得者の所有権が保証されることになり、王党派は攻撃材料を失う結果となった。

　あくる一八二六年、こんどは貴族財産の細分化による弱体化を防ごうとして「長子相続法」が提出された。大地主貴族も民法典に規定された均分相続を二、三世代続けると当然小貴族に転落する。貴族層の弱小化に歯止めをかけるため、地租三〇〇フラン以上の土地については長子相続にする、という この法案は下院を通過したが、皮肉にも貴族院の上院で否決された。続いて提出した出版規制法案も、同様に上院で否決された。明らかにユルトラ支配にかげりがみえ始めた。自由派は反教権主義キャンペーンを張りながら勢力を伸ばし、一八二七年十一月の選挙で与党を逆転、六年続いたヴィレール内閣はついに倒壊した。

国王のクーデタ

　ヴィレールのあとを受けた穏健派のマルチニャック内閣は、イエズス会を遠ざけたり、出版統制を緩和するなど、議会多数派に配慮した政策をとっていたが長続きせず、一八二九年八月、亡命貴族のリーダーの一人で、ナポレオン暗殺にも執念をもやしたポリニャック公が起用される。シャルル十世はポリニャック内閣のもとで憲章の改定をもくろんでいるのだと自由派は警戒心を強めた。一八三〇年一月には銀行家ラフィットが出資し、チエールが編集長を務める『ナシオナル』紙が創刊された。創刊号では、イギリスの名誉革命が称揚され、議会中心の「君臨すれども統治せず」という原則を確立するためにオルレアン公ルイ・フィリップの擁立がうたわれた。亡命貴族と自由派の激突は不可避であった。

　三月十八日、内閣不信任案が下院で可決されると、シャルル十世は議会を休会にしたあげく、五月十六日にはこれを解散してしまった。六、七月に予定されている選挙での逆転にはずみをつけるため、ポリニャック内閣はかねてから確執のあったアルジェリアへの出兵を本格化させる。五月下旬、陸・海あわせて六万の大軍がトゥーロン港を出発し、七月五日にはアルジェを占領した。二十世紀に内戦の泥沼をもたらしたフランス領アルジェリアの成立である。この侵略戦争はしかし、単純には終わらなかった。このあと、砂漠のベルベル人たちはアブド・アルカーディルのもとに執拗なゲリラ戦を挑み、七月王政のフランス軍をなやますこととなる。

しかも、この「アルジェ占領」の報は、選挙結果にほとんど影響をおよぼさなかった。激しい選挙干渉にもかかわらず、反政府派が圧勝したのである。ここにいたってシャルル十世は、憲章の非常大権を盾に「国王のクーデタ」ともいうべき四つの王令を発布する。(1)出版の自由の停止、(2)未召集の新議会の解散、(3)選挙資格から営業税・戸税・窓税を削除のうえ、議員定数を二三八名に減員、(4)九月初旬に新選挙法に基づいて選挙を実施すること、であった。

七月二十五日に署名され、翌二十六日の官報で布告されたこの七月王令をみて、反政府系ジャーナリストはいっせいに反発する。『ナシオナル』紙は号外をだし、税の不払いをはじめとする倒閣運動を呼びかけた。夜にはいると、セーヌ河畔に一五年ぶりの三色旗がひるがえり、パレ・ロワイヤル界隈での印刷工や学生たちの騒擾《そうじょう》が七月革命の合図となった。

2　七月王政下のフランス

栄光の三日間と七月王政の成立

七月二十七日、『ナシオナル』『グローブ』『タン』の各紙が王令を無視して新聞を発行したのにたいして警察が介入、市内各所の小競り合いには軍隊も投入された。パリ東部の労働者街ではバリケードが築かれ、蜂起をめざす学生の結社と職人・労働者との提携が成立する。さらにラファイエットを中心に国民衛兵が再組織され、武力抵抗へとエスカレートした。翌二十八日未明には、自由派の黒幕で「パリの王様」と呼ばれた大銀行家ラフィットが動き出し、カジミール・ペリエらと合流、ラファイエットも加わって蜂起の司令塔ができあがった。夜のうちにパリ市庁舎、ノートルダムが学生、市民に占拠され、ブルボン家の白旗とユリの紋章は三色旗にとってかわられた。午後には正規軍が反撃し、市庁舎は一時政府の手に落ちたが、未明の反撃で二十九日朝にはふたたび反政府派が奪い返した。

七月二十九日、参謀本部のラフィット邸に幹部が集まり、ラファイエットを国民衛兵総司令官に決定し、ラフィット、カジミール・ペリエら五名のパリ市委員会を組織した。いわば、臨時政府に相当するものである。国民衛兵は共和派、ボナパルト派の軍経験者を加えたうえ、正規軍の二連隊を寝返らせた。激しい攻防ののちついにルーヴル宮が陥落、ここにも三色旗がひるがえった。ヴェルサイユ近郊にいたシャルル十世はふたたびパリに帰ることもなく、八月なかば、ついに三度目の亡命をよぎなくされる。

このいわゆる「栄光の三日間」のバリケード市街戦は、のちにみる二月革命や六月蜂起ほど熾烈《しれつ》ではなかった。それでも反政府側の死者はおよそ八〇〇人、負傷者も四〇〇〇人近くにのぼった。このときの犠牲者たちは、バスチーユ広場の「七月の円柱」で顕彰されている。他方、胸をあらわにした女性が三色旗を掲げて蜂起した民衆を率いている、あのドラクロワの名画もこの「栄光の三日間」を下敷きにしたものである。だが、この蜂起がもたらしたのは民衆の政治参加を実現する共和政ではなく、ルイ・フィリップをいただく立憲君主政であった。ドラクロワの「自由の女神」が七月革命の光の部分を表現しているとすれば、影の部分を描き出しているのがドーミエの風刺画「七月の英雄　一八三一年五月」である。質札を貼り合わせたコートを身にまとい、片足を失った(かのようにみせた)一人の男が、三色旗のひるがえる下院を斜めに見ながら、松葉杖をかかえてセーヌに身投げしようとする姿を描いたものである。男はもちろん七月革命の市街戦を闘った民衆の一年後の状況を象徴するものであり、下院の三色旗は革命の実戦的担い手である民衆を切り捨てて成立したオルレアン王朝、つまり七月王政をさしている。

「七月の英雄　1831年５月」「栄光の３日間」を戦った民衆を，制限選挙制から切り捨てていく七月王政を揶揄したドーミエの風刺画。

一八三一年五月というのは、共和派に比較的寛容であったラフィット内閣が三月に倒れ、申し訳程度にしか緩和されなかった制限選挙法が四月に成立し、さらに共和派結社「人民の友」が解散させられた直後のことである。カジミール・ペリエ内閣のもと、革命運動の余燼《よじん》を消し、穏健な立憲君主政的秩序の確立に向かう局面であった。民衆運動の視点に立って歴史をみた場合、ドーミエのように七月王政に辛《から》い点がつくのはやむをえない。だが、七月革命期の国際環境（ウィーン体制）を考えれば、また自由主義的ジャーナリストや学生が抵抗運動の核であったことなども考慮にいれれば、この時点でフランスに共和政が成立する可能性はあまり高くなかったことも事実である。復古王政のカトリック反動的クーデタが打倒対象だったのだから、政治的・宗教的にリベラルで、土地貴族的価値観を払拭《ふっしょく》する体制ができれば、当面の目標は達成されたといえる。

革命を演出したラフィットが、開明的な「市民王」ルイ・フィリップをかつぎだし、民衆運動の暴発を警戒する共和派将軍ラファイエットと肩をくませる。つまり、三色旗で「フランス人民の王」をつつみこむ、これがラフィットの描いたシナリオであった。バイヨンヌ（ピレネ地方）の大工の子から、才能だけを武器に身を起こしたラフィットはただの陰謀政治家ではない。革命期の動乱をジロンド派シンパとしてくぐりぬけ、フランス銀行総裁を務め、ナポレオンともわたりあった筋金入りの自由主義者である。

一方、彼がかつぎだしたルイ・フィリップも、後世の共和主義的歴史家からは芳しくない評価を受けているが、君主としては例外的に善良な人物だったようである。ヴィクトル・ユゴーは『レ・ミゼラブル』のなかで、わざわざ「ルイ・フィリップ」という一節を設け、その人となりについて弁護している。「一八三〇年は脱線したものの、やはり幸運であった。中断した革命に続いて秩序とよばれる建設がなされるさいに、王は王位よりも優れていた。ルイ・フィリップは非凡な人だった。……陛下となった日からは、気取らない市民となった。……礼拝堂にはめったに行かず、狩猟にはまったく行かず、オペラには一度も行かなかった。……平等の君主であること、王政復古と大革命の矛盾をうちにいだくこと、革命派としては人に不安を感じさせた一面が、統治者としては逆に人を安心させたこと、これらの点で一八三〇年のルイ・フィリップは幸運であった。人間が事件にこれほど順応したことはかつてなかった。……ルイ・フィリップとは一八三〇年の人間化である。」(佐藤朔訳)

反教権革命からブルジョワ王政へ

ルイ・フィリップ(在位一八三〇〜四八)の即位式は、八月九日、下院のあるブルボン宮でおこなわれたが、上下両院の議員を前に、改正された憲章を遵守《じゅんしゅ》する旨の宣誓文を彼が読みあげただけである。聖油式はおろか聖書すら持ち込まれていなかった。ランスで戴冠式をおこなったシャルル十世とはまったく異なる彼の人格、立ち居振舞いには、「反カトリック王政、君主政の世俗化」という七月革命のメイン・テーマがみごとに反映されている。

じつのところ、カトリックの聖職者はこの時期、聖服を着て街を歩ける状態ではなかった。聖職者やカトリック信仰を表象するものへの攻撃がおこなわれ、首都の教会は数日間門戸を固く閉ざしておかねばならなかった。蜂起した民衆はチュイルリ宮を掠奪したあとパリ大司教館に押しかけている。

「ルイ・フィリップと５人の王子」 1837年６月10日，ヴェルサイユ美術館の開館式に臨むルイ・フィリップ。自慢の５人の息子を従えた馬上の姿は，いつになく堂々と描かれている。ヴェルネ画。

ノートルダムでは聖具室があらされ、三色旗が掲げられた。パリ近郊、モンルージュにあったイエズス会の会館は格好の標的であった。地方でも、カトリックの拠点と目されるランスやナンシーでは同様の「受難」があった。ディジョンの南、ボーヌでは野外伝道用に立てられていた大十字架が民衆の怒号のうちに引き倒された。一八三一年二月十四日には、ベリー公暗殺追悼式典が襲撃される。翌日にかけて反教権的暴動が吹きあれ、サン・ジェルマン・ロクセロワ教会と大司教館はとりわけ激しい掠奪にあった。

このように、七月革命はなによりも反教権主義的革命だったのであり、世俗的な「市民王」ルイ・フィリップの登場はその意味でも象徴的であった。神授王権が否定されカトリックは国教の座をおりた。国王大権も廃止され議会が発議権を確保した。改正された憲章は欽定憲法ではなく国王が統治契約として受け入れたものである。貴族の上院は廃止こそされなかったが、世襲議員はなくなり定数も大幅に削減された。土地所有と血統に基づく特権は基本的に否定された。たとえば、土地貴族は均分相続によってやせ細っていく。権力の基盤を土地所有より富の生産と拡大におく、ブルジョワ的価値観に立脚した君主政へと移行したのである。七月革命はバリケードで闘った民衆の願望とは距離をとりながら、世俗的ブルジョワ王政という性格を濃厚にした体制をもたらした。

リベラルな表象も復活する。パンテオンはカトリック教会から奪い返され、ふたたび公民的礼拝の場となった。自由の女神が国会の議場によみがえり、ナポレオンの栄光をあらわすアウステルリッツ橋という名も復活した。さらには革命期や帝政期に活躍した武人、文人、科学者などの銅像がいたるところで建立され始めた。反政府派の人物彫像についてもことさら弾圧することもなく、共和派の秘密結社運動とそれに連なる出版活動の取締り(一八三四年三月の結社法、三五年九月の九月法)以外は比較的寛容であった。一八四〇年五月にはナポレオンの遺骸を引き取り、アンヴァリッドに安置して彼の名誉回復を公式に宣言した。民衆のナポレオン崇拝にさからわず、それをむしろ国民統合つまりは政権維持に利用する柔軟性をあわせもっていた。

金融封建制と労働の世界

七月革命は「カトリック王政」を否定したが、同時にそれは所有権を軸としたブルジョワ法体系を、もはや後戻りできないものとして政治的に認知する儀式でもあった。だが、市民王ルイ・フィリップや大ブルジョワたちを権力の座に就けたバリケードの民衆は、七月王政の政治的枠組みからは完全に疎外されていた。一八三一年四月の選挙法は、有権者資格を直接税納入額二〇〇フランに、被選挙権を五〇〇フランに切り下げたが、これは当時の人口約三二〇〇万人中一六万七〇〇〇人を「法定人口」と認定したにすぎない。

ドラクロワの「自由の女神」とドーミエの「七月の英雄」とのあいだには深淵がよこたわっている。いつの世でも、戦争や革命で血を流す者と、それらの戦闘から利益を得る者が同じであったためしはない。七月革命の受益者はさしあたり、ラフィットやカジミール・ペリエらに代表される銀行家たちであった。しかし、初代首相となったラフィットは、社会改革や諸国の独立運動にも理解を示したことが裏目にでて、一八三一年三月、わずか一〇〇日で下野している。ルイ・フィリップは、自分を玉座に就けた彼よりもロートシルト(ロスチャイルド)系列の国際金融資本を頼みとした。貧者にも私財を投じたラフィットはさておき、七月の権力を左右する彼ら「金融貴族」は、商工業への直接投資よりも、鉄道や運河といった政府主導型の大土木事業にまつわる国債や利権にむらがり、国家財政をほしいままにした。当時フランスでは、中小企業や農民が利用できる簡便な信用体系がまだ整備されておらず、この金融寡頭制は中小ブルジョワにとっても不満の種であった。彼らはそれを金融封建制と皮肉った。というのも、この一八三〇〜四〇年代はフランスにも産業革命が波及し、金融システムの整備と民主化は差し迫った課題であったからだ。

七月王政期の専業農業人口は六〇%以上を占め、機械制大工場はいまだ発展しておらず、近代的工場労働者の誕生というイメージからは程遠い。統計上は大規模事業所であっても、実態は問屋制家内工業の集合体というケースが多くみられる。首都パリは伝統産業の街で、世紀後半まで職人や熟練労働者が中心だった。このようにフランスの産業革命はイギリスに比して緩慢だったが、それでも繊維産業を中心とする一部の工業都市での労働者の状態は惨憺たるものであった。たとえば、フランス北部フランドルの中心都市リールでは人口の半数が労働貧民であり、不衛生きわまりない紡績工場で一五時間も働いたのち、さらに環境劣悪なスラム街で寝泊りする生活を強いられていた。程度の差はあれ、リヨンやパリの木賃宿でも事情は似たようなものであった。

　つまり当時の労働問題は都市問題でもあった。とりわけパリでは農村からの人口流入が激しく、都市機能が麻痺しかかっていた。彼らの滞留するスラムは肺結核や佝僂《くる》病、コレラやチフスの巣窟であった。当時の疫病としては、一八三二年のコレラ大流行がよく知られている。パリでは一万人以上が死亡し、時の首相カジミール・ペリエの命をも奪った。スラムでの疫病流行はまた、容易に暴動の引き金となった。十九世紀なかば、都市衛生の改善は当局にとって焦眉の急であり、のちにみる第二帝政下のオスマン知事によるパリ改造はこの課題への挑戦であった。脅威にさらされたのは底辺労働者だけではない。機械の導入によって旧来の小親方や職人層にも「没落」の影がおよんだ。対岸のイギリスで進行しつつあった事態は実態以上に誇張して伝えられ、たんなる幻影にとどまらないものを感じさせた。同じことは競争力の弱い中小企業家層にもいえた。こうして、七月王政下のフランス社会は、未完に終わったフランス革命の伝統とイギリス産業革命の波及という、二つの革命の余波に翻弄されていた。この危機を乗りこえるための新しい処方箋が求められるとともに、さまざまの社会運動の実験が試みられねばならなかったわけである。

アソシアシオンによる社会改革

産業革命によって引き起こされる社会問題は、七月革命のようなたんなる政治制度の手直しだけでは解決されえないものであった。一八三〇年代から四〇年代のフランスでは、この新しい社会問題の解決を競い合うかのように、さまざまな「社会主義」的改革プランが提起されている。いわゆるフランス初期社会主義といわれる諸潮流である。彼らはなによりも経済活動の個人主義、自由競争に反対する。レッセ・フェールや自助の原理だけでは、社会的弱者である労働者や貧民が失業や貧困から脱却することは不可能であり、貧富の格差をさらに拡大し、貧困や無知を固定化するものだと考えたからである。社会的弱者の救済は、個人ではなく、なんらかのアソシアシオン(協同組織)、たとえば生活共同体や互助組合、場合によっては国家を含むより大きな社会的結合体によってしかはたしえない。そうした意味での「社会」主義である。

彼らはまず、産業を科学的に組織することによって生産と消費の均衡をはかり、あわせて富の公正な分配を実現しようとした。たとえば、民主的な信用制度を確立することによって、産業の健全な育成に必要な資本を金融貴族や大地主の独占から解き放つこと、そして無秩序な自由競争にかえて、生産手段と生産物のバランスのとれた配置と分配を可能にする経済組織をつくりあげようというものであった。これらを代表するのがサン・シモン派である。彼らは「一般銀行制度」によって競争と敵対をやめさせ、人と人を信用体系で結ぶ「普遍的アソシアシオン」の輪を全ヨーロッパに広げていくことを主張した。彼らの協同社会は「科学者、産業家、芸術家」などの有能者(エリート)によって指導される、産業発展に適合的な国家形成の核となるものであった。そこではサン・シモンが『新キリスト教』で説いた世俗宗教的モラルが紐帯とされている。たんなる実用的産業主義ではない点が重要である。

たとえばサン・シモンなきあと、高弟アンファンタンは一八三三年、自ら西方世界を象徴する男性メシアと位置づけ、東方世界の象徴とされる女性メシアを発見するため、サン・シモン教団を率いて東方遠征を敢行している。東西両世界が融合する場と位置づけられたエジプトでスエズ運河を建設するためだという。荒唐無稽なカルト集団のようにも思えるが、彼ら自身は真剣であった。この教団には、政・財・官界で活躍することになる多くのインテリが参加しただけでなく、高名なフェミニスト女性らも多数加わった。たんなる逸脱行動としてすますことのできない、一種の時代精神が感じとれるだろう。さらに、当時活躍した共和主義結社の多くがサン・シモン派によって担われたことも見逃せない。

いずれにせよ、産業主義とメリットクラシー(有能者支配)に基づいたサン・シモン派のアソシアシオン論は、イギリスの脅威に脅え資金不足に悩んでいた企業家たちから、社会問題に関心をよせる学生・知識人層にいたるまで幅広い支持を集めた。とりわけクレディ・モビリエ(動産銀行)の創設者ペレール兄弟や、タラボ、ミシェル・シュヴァリエといった実業を重視するサン・シモン派の人たちは、のちの第二帝政期を中心に産業界、政界をリードすることになる。彼らの主張は社会主義というよりも、むしろ国民経済の合理的再編という時代の課題に適合していた。サン・シモン主義は、カトリックの国フランスにおける「資本主義のエートス」だったといってよい。

カトリック的社会主義とアソシアシオン諸潮流

カトリック的社会主義の祖といわれるビュシェも一時期サン・シモン派に属していた。しかし、サン・シモン派の主張が多分に集権的・権威的傾向をもっていたのにたいし、ビュシェのいう労働者生産協同組合の形成は、国家よりも労働者自身のイニシアティヴを重視するものであった。彼のアソシアシオン論は、印刷工コルボンを中心とする『アトリエ』紙に集う職人・熟練労働者グループに支持された。ビュシェやコルボンは、七月王政をプロテスタント的エゴイズム、すなわち富の不平等を拡大、放置する「レッセ・フェール」の体制だと批判し、「社会的共和国」のもと自主管理的な労働者アソシアシオンによって搾取のない社会を実現しようと呼びかけた。もちろん、カトリック的献身と友愛のモラルがこのアソシアシオンの紐帯とされている。たしかに七月王政の担い手には、ギゾーやオルレアン公妃を筆頭にプロテスタントが少なくなかった。

一方、この時期のカトリック聖職者からは、ラムネ、ラコルデール、オザナムら民主派カトリックと呼ばれる急進派がでて社会問題に取り組んでいる。また、パリやリヨンはじめ産業都市をかかえた司教座のほとんどが、資本家の横暴を批判し労働者保護の社会立法を主張していた。七月王政の拝金主義が共通のターゲットになりえたのである。ちなみに『アトリエ』紙の巻頭にはつねに「働かざる者は喰うべからず」という聖パウロのことばが掲げられている。ビュシェはカトリックとロベスピエールのあいだに禁欲的モラリスムという共通項をみいだしてフランス革命を称揚した。彼自身は聖職者ではなかったが、パリ大司教アッフルとは親交があった。のちの二月革命で共和派とカトリックとの同盟が成立するのは偶然ではなかった。

他方、ユートピア的共同体の建設によって搾取のない平等な社会をつくろうとする運動も盛んであった。カベの提唱する「イカリア共同体」、フーリエの「ファランステール」などがそれである。カベ派の共産主義は、秘密結社ではなく普通選挙権運動を通じた民主的共和国の実現という合法的手段によって「友愛と平等の全国的アソシアシオン」を展望する点に特色がある。彼の主張は一八四〇年代には都市の職人的労働者のあいだに浸透し、『ポピュレール』紙を中心に無視しがたい勢力を誇った。これにたいして壮大な宇宙論を唱えるフーリエは、労働の問題を道徳ではなく、情念の解放というきわめてユニークな視点でとらえていた。注目すべきは、両派ともイエスと原始キリスト教を高く評価し、プロパガンダにカルト的言辞を多用していることである。二月革命後にはともにアメリカに新天地を求め、コンシデラン率いるフーリエ派はテキサス、カベ派はイリノイ州ノーヴーへと旅立っている。アンファンタンのサン・シモン教団ともあわせれば、この時期が「世俗宗教あるいはカルトの時代」といわれるのはもっともである。

ルイ・ブランとプルードン

ジャーナリスト的イデオローグのなかでは、二月革命で史上初の社会主義閣僚となったルイ・ブランの名が知られている。彼はその著『労働組織論』(一八四〇年)において、競争＝無秩序な生産に諸悪の根源を求め、民主的国家による労働の組織化の必要性を説く。すなわち、普通選挙によって成立した民衆の政府が「社会作業場」を組織し、職域ごとに漸次、単一のアソシアシオンに統合していくことによって生産の制御をはかろうというものであった。国家を「貧者の銀行」に見立てる彼の構想は、諸派の理論の折衷であったが、ビュシェが小仕事場の職人や熟練労働者を想定していたのにたいし、大工場のプロレタリアを射程におさめていた点や、賃金の絶対的平等の主張などに特色があった。この小さな書物はその簡明さのためか反響を呼び、一八四八年までに五版を重ねた。

こうして、サン・シモン派の一般銀行制度からルイ・ブランの社会作業場にいたるまで、七月王政下に叢生したフランス社会主義は、なんらかの意味でアソシアシオンの形成を唱えるものであった。農業コロニーの建設を説いたルイ・ナポレオンの『貧窮の絶滅』(一八四四年)でさえその例外ではない。アソシアシオンはまさに時代のメシア的公式であり、フランス社会主義の原点なのであった。

ほとんど唯一の例外はプルードンであろう。『所有とはなにか』(一八四〇年)で「所有、それは盗みである」と規定して、ブルジョワ経済学者の度胆をぬいた彼は、過激な無政府主義者と思われることも少なくなかった。だが、彼のアナーキズムは国家・資本・宗教の抑圧性を徹底的に批判するものではあったが、秘密結社や暴力をともなう政治変革の有効性には懐疑的であり、ポジティヴで醒めた精神に貫かれていた。彼は自立的な個人を前提としない社会契約や誓約集団を信じない。自由な小生産者による相互扶助の社会、これを理想とするプルードンにとって、諸派の説く「友愛や献身的徳」は個人の自由を拘束するものである。また国家の保護によるアソシアシオンは国家主義を助長するだけでなく、労働者の自立性と尊厳を損なうものであった。自己労働による小所有は自立と自由のよりどころとされ、農民や職人の労働がもつ知的で自立的な性格が讃えられた。プルードンにとっての勤労者は、サン・シモン派やブランのように保護や救済の対象ではなく、彼のいう「相互主義に貫かれた社会革命」の主体でなければならなかったのである。プルードンが同時代のイデオローグのなかで際立っているのは、世俗宗教性をまぬがれたその醒めた精神と、民衆の自立性を重んじながら安易に迎合しない、独特の「下から」の視点であった。

制限選挙王政の翳《かげ》り

七月王政はよく「小休止」の時代といわれる。アンシアン・レジームへの逆戻りを阻止し、共和政の動乱を回避する、そうした中庸の課題を担ったブルジョワ王政であったが、やがて時代の要請する新しい課題にも対応しなければならなくなる。たとえば、先にみた工業化と都市化がもたらす歪《ひず》みの克服である。だが、ルイ・フィリップの政府が復古王政から引き継いだ制限選挙王政という体質は、この課題に積極的に取り組むことを許さなかった。「法定人口」の狭さは、信用体系の整備や社会・労働問題に対応できる政治システムの民主化を妨げつづけた。この時代の自由主義は、エリート支配と社会的不平等の是認を意味し、民主主義とは今日以上に対立概念であった。一八四〇年代の政府をリードしたギゾーのことば「勤労と節約によって金持ちになりたまえ」は、七月王政の性格をじつにうまく表現している。反政府派議員によって再三提起された選挙権拡大の動議も、むなしく否決されつづけた。議会内での政治改革の回路が断たれた以上、反政府派は議会外のキャンペーンに訴えざるをえなくなる。

一八四七年夏以降、新聞を通じた世論形成とならんで注目されるのは、「改革宴会」という名の選挙法改正運動である。政治集会を禁じた法の網の目をくぐるために会食の形式がとられた。この集会は、当初こそ正統王朝左派とオルレアン左派の議員や、有権者を中心とするサロン的なものにとどまっていたが、しだいに共和派や非有権者の一般市民も参加する大衆運動的な性格を強めていく。マラストの主宰する『ナシオナル』紙による穏健共和派や、『レフォルム』紙を中心とする急進共和派の面々がこの運動の一翼を担うようになった。こうして、普通選挙を要求する社会的共和派との接点が、街頭を舞台にしてできあがっていったのである。議会外での選挙改革運動の盛上りの背景には、大物政治家と高級官僚がからんだ汚職事件のあいつぐ発覚があった。議員が国家官吏をかねることができたため、鉄道、港湾、郵便、道路といった許認可のからむ事業で、不正がおこなわれるのは避けがたかった。この「官僚兼任代議士」の禁止は、選挙権拡大要求とならぶ反政府派の基本的な要求でもあった。

もうひとつの大きな要因は、やはり不況に基づく社会不安である。一八四五年夏のジャガイモ不作と翌四六年の小麦・ライ麦不作が食糧不足を招き、パン価格を二倍以上に押し上げた。これにイギリスで起こった恐慌の波及が追打ちをかけ、数次の金融パニックと商工業危機を引き起こした。製鉄・繊維工業では二〇〜三〇％以上も生産が減少し、中小企業の倒産が続出する。全国各地で食糧暴動が起こり、穀物輸送車やパン屋が襲撃された。政府は、首謀者の処罰と外国小麦の輸入以外に手が打てず、民衆の信頼を失うばかりであった。

3　二月革命と第二共和政

二月のバリケード

一八四七年まで続いた社会不安がようやく小康状態をえた四八年二月二十四日、一八年近く続いた七月王政は民衆運動の爆発的なエネルギーの前に、あっけなく崩壊した。直接的なきっかけは改革宴会への政府の介入であった。二月二十二日、正統王朝左派のバロと『ナシオナル』派の共和主義者たちの呼びかけによって、パリ第一二区で改革宴会が開かれる予定であった。当時の一二区は労働者が多く住む街であり、フランス革命以来民衆蜂起の伝統を誇っていた。騒擾《そうじょう》への拡大を懸念した政府はこれを禁止処分にし、バロら主催者側も衝突を恐れて延期を決定した。しかし、急進派学生や共和派結社の活動家たちは禁令をついてデモを敢行し、下院の開かれているブルボン宮を取り囲んだ。市内各所ではバリケードが築かれ始める。街路に敷きつめられた石畳がはがされ、馬車が横倒しにされた。銃砲店や衛兵所が襲われ、憲兵隊との小競り合いが始まった。

二月二十三日、一夜あけるとパリの要所はバリケードで埋っていた。政府は正規軍を動員して戦略拠点を確保したが、パリ国民衛兵一二連隊のうち召集に応じたのは二連隊のみで、多くは改革支持もしくは非介入の態度をとった。ルイ・フィリップはあわててギゾーを解任したが遅かった。同日夜、

「キャプシーヌ街の惨劇」 1848年2月23日夜，松明を掲げ，女性の死体をのせて，キャプシーヌ大通りを葬送行進するデモ隊。

国民衛兵の合流をえて意気あがるデモ隊が、赤旗をなびかせてキャプシーヌ街にさしかかったとき、正規軍がこれに一斉射撃をあびせたのである。数十名の死者をだしたデモ隊は血にまみれた若い女性の死体に松明《たいまつ》の火をかざしながら葬送行進を続けた。この「キャプシーヌ街の惨劇」は民衆運動の火に油を注いだ。翌二十四日朝には、蜂起はさらに拡大し一五〇〇ものバリケードがパリを覆っていた。市庁舎やチュイルリ宮があいついで民衆の手に落ちた。王宮になだれこんだ民衆はルイ・フィリップの玉座を窓から放り出し、バスチーユ広場までかついでいって焼きはらった。

ルイ・フィリップは亡命し、デュポン・ド・ルールを首班とする臨時政府が成立した。詩人のラマルチーヌ、それに『ナシオナル』派のマラスト、アラゴ、『レフォルム』派のフロコン、ルドリュ・ロランらが中心となって共和政を宣言した。ラマルチーヌやアラゴらは共和主義者ではなかったが、民衆運動の圧力のなかでにわかに共和主義者を自称するようになった。この日和見《ひよりみ》共和主義者たちを総称して「翌日の共和派」という。だが、この政治革命それ自体は、蜂起した民衆を取り巻く諸問題をなんら解決するものではなかった。民衆は大ブルジョワに果実を横取りされた七月革命を忘れてはいなかった。銃を手にした労働者たちは、機械工マルシュを先頭に、共和政が真に民衆のためのものなら赤旗を国旗にせよと、新しい閣僚たちにつめよった。しかし結局、彼らはラマルチーヌの弁舌に翻弄され、三色旗を共和国の国旗とする布告を受け入れた。もっとも「翌日の共和派」のほうも民衆の突上げによって、社会主義者ルイ・ブランと機械工アルベールを臨時政府に加えることをよぎなくされた。さらに労働権と生活権を保証する布告も承認した。二月の共和政は、議会内政治集団の「老猾《ろうかい》さ」と民衆運動の「暴発的」エネルギーとの微妙な政治力学的バランスのうえに立つ、かりそめの均衡にすぎなかった。

リュクサンブール委員会と国立作業場

この均衡の危うさは労働権と「労働の組織化」をめぐってただちに露呈された。臨時政府は労働者向けの社会政策として、二つの機関を設けた。ひとつはリュクサンブール宮で開かれた「労働者のための政府委員会」(通称リュクサンブール委員会)であり、もうひとつは国立作業場である。だが、前者はルイ・ブランを委員長としたものの、なんらの予算も権限ももたない諮問機関であり、「労働組織化省」の設置を要求する民衆の圧力をかわすためのものにすぎなかった。後者も、名前こそルイ・ブランの社会作業場を思わせるが、たんなる失業対策事業にほかならなかった。ただ、労使の代表と政府委員からなるリュクサンブール委員会を、史上初の産業三部会として評価する向きもある。雇主の頑強な抵抗にあってほとんど実効をあげられなかったが、まがりなりにも労働時間の短縮(パリ一〇時間、地方一一時間)や労働下請け制の廃止を決定し、労使紛争の調停にもあたっている。

本来の任務である労働組織化の具体的プランも報告書にまとめ、六月には議会に提出している。だが、すでに社会的共和派が大きく後退したあとであり、陽の目を見ることなくほうむられた。この報告書は、(1)経営不振の企業から施設を買収して社会作業場を設立、(2)鉄道・鉱山などの国有化、(3)農業コロニーによる失業者の吸収、(4)国営市場《バザール》による商品流通の国家管理、(5)国立銀行による信用貸付けの民主化、などを骨子としている。ほぼルイ・ブランの『労働組織論』を引き写したものであった。

有名な国立作業場のほうは、失業労働者にその職能とは無関係に公共土木事業を割りあて、一日二フラン(仕事にあぶれても一・五フラン)を支給する、というものであった。管轄にあたった公共事業相マリは、これらの失業労働者たちを軍隊式に編成し、リュクサンブールに集まる意識の高い熟練労働者たちに対抗させようとした。しかし、国立作業場は彼らの思惑をこえてふくれあがっていった。三月末に二万八三五〇人であった登録労働者数は、五月にはパリの人口の一割にあたる一〇万人をこえた。地方の失業者を引き寄せたからである。それはただでさえ財政問題に悩んでいた臨時政府にとって大きな負担となった。臨時政府は、革命によってさらに悪化した国家財政を再建し、破産の続出した金融パニックから脱却するために国民割引銀行網の創設に取り組み始めていた。その財源確保のためもあって四五％もの直接税の増税（四五サンチーム税）をおこなったばかりであった。この増税に悩む地方民衆の不満は、パリの国立作業場労働者とそれを支えていると誤解されたルイ・ブランら社会民主派に向けられていった。

十字架と三色旗

かりそめの均衡はもうひとつあった。カトリック教会と共和派の同盟である。二月革命が勃発したとき、聖職者たちはフランス革命時のような反教権主義的恐怖政治《テルール》がふたたび吹きあれるのではないかとの不安にかられた。ところが、事態は七月革命の際とはまったく逆に進行した。たとえば、二月二十四日チュイルリ宮を襲った群衆は、国王の礼拝堂から十字架と聖杯を運び出し、王宮近くのサン・ロック教会へデモ行進した。掠奪のためではなく、十字架を世俗的な市民王ルイ・フィリップの手から、それにふさわしい神聖な場所に移そうというのである。街路では「キリスト万歳！　自由万歳！　ピウス九世万歳！」という歓声が響き渡った。蜂起した民衆は、バリケード市街戦で瀕死の重傷をおった者に秘蹟を授けてもらおうと聖職者をさがしまわった。パリ大司教アッフル自ら病院や施

三色旗をつけた「自由の木」の植樹祭典

療院をおとずれ、重傷者に終油の秘蹟をとりおこなっている。このようなパリ民衆と教会との交歓に続いて、三月初旬にはアッフルが臨時政府を表敬訪問し、「共和派」とカトリックとの友好関係ができあがる。ラマルチーヌは「一八四八年の革命はキリスト教の発露」だと語った。

いわゆる「敵の敵は味方」ということでもあろう。すでにみたように、カトリック教会は七月王政の野党であった。司教教書でもレッセ・フェール体制をしばしば「金権的エゴイズム」として批判し、政府に社会政策を要求していた。一方、世俗宗教性の濃厚な社会主義者や社会的共和派の原始キリスト教礼賛を考え合わせれば、この同盟はあながち不自然ではなかったのである。三月二十日、シャン・ド・マルスを埋めつくした数千の民衆が歓呼するなかで、三色旗をくくりつけた「自由の木」の植樹祭典がおこなわれた。カトリックの司祭がこの木をおごそかに聖別するという異例の形式で。その後一週間、パリの街区という街区で、さらには全国の町や村で、同様の植樹祭典が繰り広げられた。十字架と三色旗の蜜月の頂点であった。

だが、この蜜月は長続きしなかった。七月王政の金権体制批判については共和派と手をくめた教会だが、モラル・ヘゲモニーをめぐる対抗関係については覆い隠しようがなかった。共和派のめざす初等教育改革（無償・義務化、教員の待遇改善）は、教会系学校を民衆教化の梃子《てこ》と考えるカトリックと真向うから対立するものであった。臨時政府の公教育相カルノーが、初等教員を共和主義的公民教育の伝道者、すなわち「新しい共和国の使徒」と位置づけた時点ですでに両者には亀裂がはしっていた。四月の制憲議会選挙で司祭と教師が繰り広げたプロパガンダ合戦はそれを決定的にしたのである。

普通選挙のパラドクス

三月五日、臨時政府は憲法制定国民議会の選挙に、六カ月以上同一市町村に居住する二十一歳以上のすべての男性に投票権を与える政令を布告した。これにより、有権者数は七月王政下の二五万人から一挙に九〇〇万人に増加する。女性が除外された「制限」選挙制度を「普通選挙」と呼ぶのは正確ではないが、当時の呼称なので慣例に従っておく。フランスで女性参政権が認められたのは第二次世界大戦後である。そうした限界はあるものの、民衆が街頭だけではなく議会という公的制度を通じて政治参加するという近代社会の原則が、他に先駆けて確認されたことの意味は小さくない。

さしあたっての問題はこの選挙の結果である。社会的共和派の悲願ともいうべき普通選挙制の導入は、皮肉にも彼らを権力から遠ざけることになった。投票率八四%、八八〇名の当選者中、彼らが確保したのはおよそ一〇〇名にすぎなかった。急進的パリの独走に、地方の農村的フランスがブレーキをかけたとされる。臨時政府の内務相ルドリュ・ロランは地方に派遣委員を送り込み、師範系教師をも動員して必死の選挙干渉をおこなったが、司祭や地方名望家の壁をくずすことができなかった。もちろん、当時のずさんな選挙管理や投票システムの不備にも原因はあった。被選挙資格は二十五歳以上とされたが居住期間の制限はなく、複数の選挙区から立候補できた。投票は複数候補が記入されたいくつかの候補者リストのなかから選ぶという、今日では考えられないような方式がとられた。また投票日の四月二十三日は復活祭の日曜日にあたっていた。午前中のミサのあと司祭や村長を先頭に村人たちが列をなして投票所に向かい、しかも一体となって同一リストに投じるといった光景が全国で繰り広げられた。教会と地方名望家の影響力がフルに発揮されるシステムであった。こうして成立した制憲議会は、臨時政府にかえて、アラゴ、ガルニエ・パジェス、マリ、ラマルチーヌ、ルドリュ・ロランの五名からなる執行委員会を任命した。ルドリュ・ロランが残ったとはいえ、二月の均衡は秩序志向の「翌日の共和派」に大きく傾いた。議会には正統王朝派とオルレアン王朝派をあわせて約二八〇名が選出され、パリの労働者と社会的共和派への包囲網はいちだんと狭められていった。

六月蜂起

議会の多数派を占めた「翌日の共和派」にとって、社会問題とはなによりもまず金融恐慌からの脱出であり、産業資本の育成に好適な国民的信用体系を確立することであった。一八四八年三月にフランス銀行が改組され、中小企業家向けの低利貸付けをおこなう国民割引銀行が全国六七の都市に設立されたことによってその道は開かれた。あとは秩序と生産を回復し、産業の時代にふさわしい国民経済を確立することだけであった。国立作業場が秩序と財政のいずれの再建にとっても、障害以外のなにものでもなくなった以上、早晩彼らによって解体されるのは避けがたかった。制憲議会に失望した共和派民衆クラブやリュクサンブール派の労働者たちは、五月十五日、ポーランド独立支援を叫んで議場に乱入、議会の解散を宣言したうえ市庁舎で新しい臨時政府の樹立を宣言したが、国民衛兵に鎮圧された。この五月十五日事件によってアルベール、ブランキ、バルベスら著名なリーダーが軒並み逮捕され、実際に加担していなかったルイ・ブランも関連を追及されて亡命した。このとき、彼らに対抗させるために組織されたはずの国立作業場の労働者たちが、将校ピュジョルに率いられて約一万四〇〇〇人もデモに参加したことは、与党の穏健共和派に衝撃を与えた。

六月二十一日、公共事業相トレラは、国立作業場に登録する十八歳から二十五歳までの労働者全員にたいし、兵役に就くか、地方の土木工事に就くか、どちらかを選んで待機せよという布告に署名した。コルボンやコンシデランは議会でこの法案に反対し、国立作業場を生産協同組合に再編することを提案したが一蹴された。この布告の提案者は、のちに公教育相となる王党派のファルーであった。

六月二十二日夜、政府との折衝が決裂し退路を断たれた労働者たちは「パンか、銃弾か！　自由か、死か！」と叫んで続々とパンテオン広場に集結した。翌二十三日には、パリの東部一帯に巨大なバリケードの山が築かれた。数次の経験をいかして技術の粋をこらした銃眼付きのバリケードはさながら要塞のようであった。ユゴーは『レ・ミゼラブル』のなかで、フォーブール・サン・タントワーヌのそれは、四階建ての高さに二〇〇メートル以上の幅をもち、七階建てのアパルトマンを三軒壊してつくられたと形容している。いくぶん誇張もあろうが、彼は追いつめられた労働者たちの憎悪の深さを、じつに崇高なタッチで描写している。

翌二十四日、議会はラマルチーヌらの執行委員会体制に見切りをつけ、共和派将軍ウジェーヌ・カヴェニャックを行政長官に任命し全権を委ねた。彼はアルジェリアを制圧した将軍として勇名をはせていた。パリの国民衛兵をあてにできないことをみぬいていた彼は戒厳令をしき、冷徹に軍事的見地から対処した。地方から六万の部隊を集結し、バリケードや民家に直接砲撃するという、かつてない乱暴な戦法で二十六日までに蜂起を完璧におさえこんだ。政府軍の押収した銃は一〇万挺《ちょう》、即時銃殺者一五〇〇人、ほかに死者一四〇〇人、逮捕者二万五〇〇〇人。六月のバリケードの残骸は労働者や民衆に、癒《いや》すことのできないトラウマを残した。選挙による議会共和政とブルジョワ共和主義者にたいする、彼らの不信感はぬきがたいものになった。のみならず、ブルジョワもまた所有階級としての一体感を否応なく意識させられた。現場にいあわせたトクヴィルは、『回想録』のなかで、この戦闘は所有権をめぐる階級闘争であり、たんなる政治革命ではなく命がけの社会革命にほかならなかったと分析している。立場は異なるが、マルクスの認識と基本的に一致するものであった。

ルイ・ナポレオンの登場

六月の恐怖は「社会秩序の維持」を合言葉に諸党派を再結集した。正統王朝派、オルレアン派にカトリックが同盟して「秩序党」が結成され、「翌日の共和派」の多くがこれと親和関係を結ぶようになった。右傾化した議会から全権委任された将軍カヴェニャックが十二月の大統領選挙まで政権を担当する。フランスはこの共和派将軍の、軍事独裁的体制によって秩序を回復した。十一月四日、第二共和政憲法はこの政権のもと、七三九対三〇票という圧倒的多数で採択された。しかし、ともに直接普通選挙で選ばれる一院制議会と大統領制を基本とする新体制は、立法府と行政府が独立的でありすぎたため、両者の対立を調整するすべをもたなかった。大統領の再選が認められていないこととあわせて、第二共和政が短命に終わる原因はこのあたりにもあった。

十二月十日の大統領選挙では、ナポレオン一世の甥ルイ・ナポレオンが圧勝した。この勝利は偶然ではなかった。『貧窮の絶滅』の著者であり、「六月」に手を汚していないルイ・ナポレオンは、ブルジョワ共和派の政府に失望した労働者には、カヴェニャックより遥かに「ましな」革新系候補と映っ

ルイ・ナポレオン大統領のための露払い　右から，二月革命で追われたルイ・フィリップ，臨時政府のリーダーで黄金のハープとうたわれた詩人ラマルチーヌ，アルジェリア征服で勇名をはせた将軍カヴェニャック。しんがりに，ボナパルト家の紋章の鷲を右手にしたルイ・ナポレオン。

た。また、農民にとってナポレオンという名はフランスの栄光と権威の思い出であり、地方の保守的な名望家支配に終止符を打ってくれる希望の星であった。農民たちは四五サンチーム税の共和国にはうんざりしていた。農民の投票行動は必ずしも、マルクスが形容したような「分割地農民の保守性」を意味するものばかりではなかった。

また、適当な候補者を立てられなかった秩序党にとっては、政治経験のないルイ・ナポレオンは共和派カヴェニャックより遥かに御《ぎょ》しやすい人物と映った。プルードンのいうように、「ボナパルトの名は、大衆にとっては革命の希望として、祭壇や玉座の政党にとっては反革命の希望として出現した」のである。一八四〇年にセント・ヘレナからナポレオンの遺骸が凱旋し、アンヴァリッドに安置されて以来、民衆のあいだに国民的カリスマを待望する「ナポレオン伝説」が根強く浸透していたことも彼を後押しした。選挙の結果は、ルイ・ナポレオン五五三万票(七四・二%)、カヴェニャック一四五万票(一九・五%)、ルドリュ・ロラン三七万票、ラスパイユ三万七〇〇〇票、ラマルチーヌとシャンガルニエ将軍はさらに少ない惨敗であった。

共和主義者なき共和政

十二月二十日、大統領に就任したルイ・ナポレオンは、王朝左派のオディロン・バロを首相に、ファルーを公教育相、そしてオルレアン派の将軍シャンガルニエを陸相に任命した。第二共和政下で正式に機能した最初の内閣が、共和主義者を排除した王党派連合政権であったのはなんとも皮肉というしかない。制憲議会ではまがりなりにも共和主義者が多数派を占めていたため、一種の二重権力状況が表面化するが、これも翌年五月の立法議会選挙で決着がつけられた。右派を結集した秩序党が、五三%の票をえて四五〇議席(七五〇議席中)を占めたからである。与党の穏健共和派は一二%弱、七十数議席しか獲得できず完敗に終わった。ただ、左派の連合体「山岳派《モンタニャール》」の民主《デモ》・社会主義者《ソック》たちは健闘し、三五%の得票と二一〇議席を確保した。憲法制定のイニシアティヴをとってきた中道派が壊滅し、政治の左右両極化という構図が明らかになった。だが、この山岳派も一カ月後には解体される。イタリアでは二月革命に触発されてローマ共和国が成立していたが、秩序党政権はヴァチカンを擁護して干渉軍を派遣した。山岳派はこれを憲法違反だと弾劾し、パリを中心に大デモを組織する。六月十三日彼らの示威行動はバリケード戦にまで転化するが民衆の支持は薄く、あえなく鎮圧された。ルドリュ・ロランがイギリスに亡命したのをはじめ、山岳派の議員団は壊滅した。ここに「共和主義者なき共和政」という形容矛盾の体制ができあがったのである。

身軽になった秩序党政権はクラブや集会を禁止し、出版印紙税を復活させて言論を統制した。ストももちろん禁止された。一連の反動立法の最たるものは、一八五〇年三月の教育立法、ファルー法の制定である。これによって聖職者が初等教育のヘゲモニーを公的にも掌握するようになっただけでなく、大学局の一元的管理下にあった中等教育にまで進出することが認められた。イエズス会の出番がまためぐってきた。ファルー法は共和主義的教員にたいする弾圧にも威力を発揮した。この時期、選挙戦やデモへの加担を理由に、師範学校出教員の四〇%近くがなんらかの懲戒処分を受けている。フランスの世俗教員に特徴的なあの反教権主義は、ファルー法以後いちだんと根強くなっていくのである。さらに一八五〇年五月三十一日には選挙資格の定住期間制限を六カ月から三年に改定した。普通選挙の原則はそのままであったが、移動の激しい労働者層から選挙権を奪うことが目的であった。これによりパリの労働者の四〇%が投票権を失った。

一方、大統領ルイ・ナポレオンは秩序党議会の反動立法から距離をとって中立を装い、選挙権の居住制限法の撤廃を提起するなど、民衆サイドに立つ政治家として自己をアピールした。しかし、大統領の任期は四年で再選が禁止されていたため、一八五二年三月に予定されていた議会との同時選挙を最後に、彼は権力の座からおりることをよぎなくされていた。このため、再選禁止条項の修正をねらうルイ・ナポレオンは、精力的に全国遊説をこなして議会の横暴を直接民衆に訴えかけた。世論を味方につけたと判断した彼は、議会に修正案が否決されると満を持してクーデタに打って出た。

「フランス国民の名において国民議会は解散された。普通選挙は復活した。フランス国民は選挙集会に召集されよう。第一師団管区に戒厳令を命じる」。一八五一年十二月二日の朝、この布告のもとにパリ市内は軍の制圧するところとなった。シャンガルニエやチエールらはすでに未明に逮捕され、ユゴーやボーダンら共和派議員もバリケードで抵抗を呼びかけたが、労働者、民衆の反応は冷ややかだった。翌十二月三日、立法議会の解散によって一八四八年憲法は失効した。形式的には、第二共和政はもう一年続くが、事実上この時点で幕はおろされたといってよい。十二月二十一日の人民投票は、投票率八三%、賛成九二%という圧倒的支持をクーデタに与えた。

4　第二帝政の光と影

第二帝政＝ボナパルティスムの統治構造

かつて一世を風靡した階級史観にあっては、第二帝政は反人民的な独裁国家だとみなされていた。それは、ブルジョワジーがすでに単独で国民を統治する能力を失い、しかも労働者がまだ政権を掌握する能力を身につけていない一時期に、この階級均衡の隙間をぬって、ルイ・ナポレオンが保守的な小土地所有農に依拠して独裁権力を掌握した、過去復帰的な反動体制だとみなされる。いいかえれば、過渡期に成立したきわめて例外的な国家だとされていた。この「第二帝政＝悪玉論」ともいうべき見方は、マルクス主義史家だけでなく、第二帝政が倒れたあとに成立した第三共和政の歴史家や、ナポレオン三世のクーデタに反対して亡命していたユゴーら同時代の作家たちによっても共有されていた。

しかし近年ではこのような見方は影をひそめ、理論的にも実証的にも第二帝政像は一新されたといってよい。そもそもマルクス自身のボナパルティスム論は、例外国家や階級均衡をさほど重視していたわけではない。力点はむしろ第二帝政期における国家機構の完成と国家の相対的自立におかれていた。つまりマルクスは、膨大な官僚機構や常備軍、警察機構などが整備されると、ナポレオン三世のように「とるにたりない人物」(マルクス)でも、外見上は超階級的で中立的な国家権力を装いながら国民統合を実現できることを強調していたのである。

他方、実証的研究の蓄積は、すでにふれたようにナポレオン三世を「とるにたりない人物」とはみていない。たとえば、彼が大統領選でえた七四％、五五〇万票の内訳をみると、「保守的農民層の支持」というテーゼは完全にくつがえされる。彼のえた農民票は保守的な地域というより、むしろ農村蜂起の多発する急進的な地域で高い数値を記録している。彼はまた、農村部だけでなく都市部でも支持された。しかもパリをみてみると、六月蜂起の拠点地区である労働者街のほうがブルジョワ地区より高い支持率を示している。この傾向は、クーデタ後の人民投票(投票率八三%、賛成九二%)でも、また帝政復活承認の人民投票(七八二万票、賛成九六・五%)でも同様であった。

ルイ・ナポレオンが民衆から圧倒的に支持された背景には、彼自身の歴史認識や政策路線が時代のニーズに適合したという側面も無視できない。彼は、現下の政治的対立と経済的混迷に終止符を打つには「強力な統治」が必要であること、またその統治の権威の源泉は大衆にあることを訴えた。そして、人民的原理と権威の原理の融合に基づいて、フランスの栄光、それもナポレオン一世のような軍事的栄光ではなく「産業的・市民的栄光」を実現すべきことを早くから主張していた。ナポレオン三世はマルクスのいうような「とるにたりない人物」ではなく、『貧窮の絶滅』の著者として「馬上のサン・シモン」と形容されるような社会政策的センスをもちあわせていたのである。

クーデタも通常の意味での権力簒奪ではなく、現職の大統領が憲法の規定をこえて政権の固定化をはかったものであった。保守派が多数を占める議会に抗して普通選挙の回復を訴え、民主主義の否定というよりは、その回復を大義名分としたクーデタであった。いわば、普通選挙の申し子として権力の座に就いたナポレオン三世は、執行権の優越する第二帝政の統治構造の一角に、普通選挙制に基づく議会と人民投票制を位置づけている。国民主権原理と権威的個人統治の結合体である、このような統治構造は人民投票型民主主義あるいは権威的民主主義と呼ばれ、近代ブルジョワ国家の一形態とみなされている。

もっとも、第二帝政下の普通選挙を過大評価するのは適当ではない。そこでは官選候補制がとられ、当局の選挙干渉も尋常ではなかった。また、政策決定の多くは官僚機構に依拠した内閣・国事院・知事など皇帝直属の行政機関に委ねられ、議会によるフィード・バック機能はきわめて限定されていた。もうひとつの看板である人民投票も帝政発足後は、体制末期の一八七〇年五月にただ一度おこなわれたきりだった。つまり立法院選挙だけが体制への信任投票として機能していたといえよう。

そもそも政治的自由という点では、第二帝政を単一の時代として論じるのは適当ではない。前半の一八五〇年代の帝政は、共和派への徹底した弾圧、出版言論の統制、通信物の検閲制、治安警察の増強など、あまりにも警察国家的色彩が濃厚なので「権威帝政」と呼ばれている。この時期の教育政策や宗教政策には、カトリック、王党派との妥協が目立ち、教会勢力の復権をもたらした。支持基盤の伝統的性格ともあわせて、専制的抑圧体制の誹《そし》りはまぬがれないだろう。

だが一八六〇年代にはいると、経済の自由主義化に符節をあわせるかのように政治的自由化政策が導入される。議会に法案の審議権だけでなく上程権が認められたのをはじめ、言論統制が緩和されて反政府ジャーナリズムが開花し、労働者の争議権や民衆の公開集会までが容認された。さらにカトリックとの距離をとって共和派系の文相を起用し、脱教会的な教育改革に取り組ませたりした。この「自由帝政」と呼ばれる後半期をも、たんなる集権的抑圧体制とみなすのは困難である。第二共和政末期や第三共和政初期に比してむしろ「民主的」だったという評価さえある。また「権威帝政」下の民衆がこの体制におおいなる不満をいだいていたかというと、必ずしもそうではない。人々はむしろ騒擾《そうじょう》と動乱にあけくれる時代に倦《う》んでいた。さしあたり秩序と平安をもたらしてくれる体制を選択したともいえるだろう。

産業帝政下の繁栄

第二帝政期のフランスは産業革命の完成期でもあり、かつてない高度経済成長を記録している。ナポレオン三世の経済政策はこの時代の波をうまくとらえ、「産業帝政」と呼ばれる経済的繁栄をフランスにもたらした。それをもっとも象徴するのは鉄道建設事業の本格的展開である。先にもみたとおり、フランス産業革命の黎明期をリードしたのは、綿・絹工業を中心とする繊維産業であった。一八二〇年代から三〇年代にかけてのことであるが、この時期にはまだ製鉄などの重工業部門は端緒についたばかりであった。一八四〇年代にはいってこの状況は変化し始める。すなわち一八四二年の鉄道法以来、鉄の需要が飛躍的に伸びて、製鉄業の量的拡大と技術革新が進行した。第一次鉄道ブームが起こり、営業路線も一八三〇キロメートルに伸びている。ただし、このブームは一八四七年恐慌に巻き込まれて一時期頓挫していた。

帝位に就いたナポレオン三世(在位一八五二〜七〇)は、産業近代化路線の柱として、鉄道・道路建設をはじめとする公共土木事業と金融システムの改革を掲げ、まず鉄道関連事業の再編に着手した。

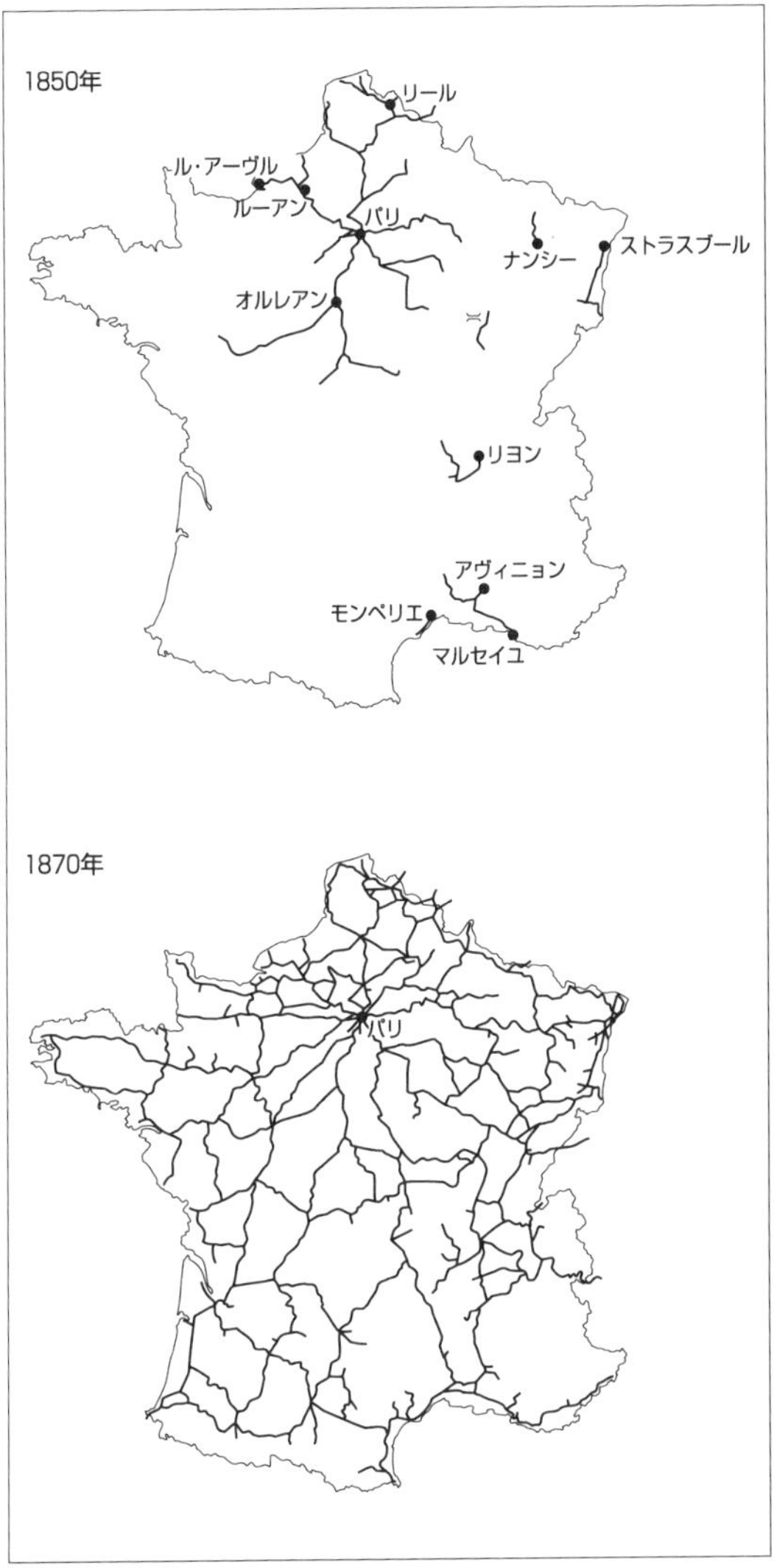
1850年
リール
ル・アーヴル
ルーアン
パリ
ナンシー
ストラスブール
オルレアン
リヨン
アヴィニョン
モンペリエ
マルセイユ
1870年
パリ
フランス鉄道網の発達

一八五七年には、七月王政期に三三あった鉄道会社を六社に整理統合し、パリを中心に放射線状に広がる全国幹線網の整備を一層推し進めた。たとえば、パリ─リール─ベルギーへとつながる北部鉄道は、繊維産業、製鉄業、炭鉱業の中心地と首都をつなぐ大動脈となったし、PLM鉄道はパリ─リヨン─地中海をつなぐ最長路線に成長した。投機が集中して第二次鉄道ブームが巻き起こり、営業キロ数も一八五一年の三六二七キロメートルから七〇年には一万七九三三キロメートルと、五倍近くに飛躍している。関連産業への波及効果はもとより、流通経路の拡大は全国市場への展望を切り開くものとなった。鉄道網のさらなる展開は第三共和政下の一八八〇年代に引き継がれ、このときの地方幹線網の整備が第三次鉄道ブームを呼んで、全国ネットワークをほぼ完成させたのである(前頁の図を参照)。

第二帝政はまた、こうした産業振興を支える新しい金融機関の育成にも意を用いた。一八五二年にはクレディ・フォンシエ(不動産信用銀行)とクレディ・モビリエ(動産銀行)が設立されたが、とりわけ後者は元サン・シモン派のペレール兄弟によるものであり、皇帝自らが後ろ盾となって産業投資を促進した。このクレディ・モビリエの活動に刺激されて、一八六〇年代にはクレディ・リヨネ(六三年)、ソシエテ・ジェネラル(六四年)といった新しいタイプの銀行(混合銀行)がこれに続いた。おりからのカリフォルニア金鉱発見にともなって、フランス銀行の金準備が増大したことも、これらの金融制度改革を後押しし、信用の膨張と好況をもたらす背景となった。

ナポレオン三世の経済政策のなかで、もうひとつ見逃すわけにいかない重要な改革として、一八六〇年の英仏通商条約の締結がある。フランスに限らず大陸のヨーロッパ諸国は工業力においてイギリスにひけをとっていたため、長いあいだ高率の保護関税政策によって自国産業を守らざるをえなかった。だが、ナポレオン三世と自由貿易派には、それがかえって産業構造の近代化をおくらせ、フランスの国際競争力を弱めているのではないか、という認識があった。おりからのイタリア政策の失敗によってぎくしゃくとしていた対英関係の修復をはかろうという政治的動機も伏在した。産業界では激しい反発があったが、彼は、側近の元サン・シモン派官僚シュヴァリエの提言をいれ、電撃的に英仏通商条約の批准に踏み切った。フランスは輸入禁止措置の撤廃、関税率の大幅な引下げに応じ、イギリスもぶどう酒関税の撤廃で応えた。翌年にはベルギー、プロイセンとも同様の二国間通商条約を締結した。これにならうかのようにイギリス、イタリアなども相互に自由貿易的通商条約を結んだので、ここにヨーロッパ主要国間での自由貿易ネットワークともいうべき体制が成立した。さらに一八六五年、フランスを中心としてイタリア、スイス、ベルギーの四カ国が通貨管理協定を結び、「ラテン通貨同盟」を結成したことも特筆されてよい。

もちろん、この自由貿易体制が永続的なものとなりえなかったことは周知のとおりである。一八七三年以降世紀末まで西ヨーロッパ諸国を襲った「大不況」を前にして、自由貿易体制は八〇年代には瓦解し、フランスも九二年にはメリーヌ関税と呼ばれる保護関税体制に逆戻りすることになる。とはいえ、ナポレオン三世の決断以降二〇年近くも、ヨーロッパ諸国間でこうしたシステムが機能し、少なくとも第二帝政期のフランスの経済繁栄を支えたことは紛れもない事実である。

外交政策と植民地帝国の展開

政治的安定に経済的繁栄、これに外交的栄光が加われば体制はまず安泰である。ナポレオン三世は一八五四年、イギリスを誘い、オスマン帝国と軍事同盟を結んでロシアと戦った。このクリミア戦争を制したセヴァストポリ港の陥落に国民はわきかえった。一八五六年二月、パリ講和会議をリードしたナポレオン三世は帝国の威信を内外に誇示することに成功した。一連の外交的成功は、帝政の支配の正統性を国民に示す儀式でもあった。彼の外交路線の基本は、伯父の失敗を教訓にイギリスとの友好関係を保ちつつ、ロシア、オーストリアに対抗して「大陸の雄フランス」の地位を確固たるものにすることである。自然国境説としての「ライン左岸」の獲得も標的のひとつであった。そのために、イタリアをはじめとする各地のナショナリズムや民族主義運動を支援してオーストリア、ロシアを牽制した。たとえば、一八五九年にオーストリアがピエモンテの動きの制圧にかかると、皇帝自ら軍を率いて干渉に乗り出し、ソルフェリーノでオーストリア軍を撃破した。このイタリア統一運動への支援は、国内の共和主義者からも支持され、国際的な威信を高めた。しかし、この行動は同時にヴァチカンへの攻撃を意味し、国内のカトリック勢力の離反を招くことになる。しかも、その直後にピエモンテの強大化を恐れてオーストリアと単独講和を結ぶという無定見な行動は、ふたたび共和派の憤激を呼んだ。彼のナショナリズムへの支援は便宜的なものであったが、イタリア政策の動向はとりわけ支持層の利害に連動したため、内政の基本路線に直接はね返る両刃の剣となった。

これにたいして、ヨーロッパ以外の諸大陸への進出は、帝政への国民的支持をとりつけるのに役立った。フランスがアフリカやアジアを侵略して植民地帝国の基礎を固めていったのはほかならぬこの第二帝政期であった。一八五〇年代のアルジェリアでは民族反乱が続いたが、ナポレオン三世はこれに乗じてサハラ、カビリアを占領、フランス人入植者(コロン)がつぎつぎと現地住民の土地を奪っていった。チュニジアやモロッコ、セネガルにたいしても財政借款などを梃子《てこ》に手を伸ばした。アジアでは一八五六年のアロー号事件でイギリスの誘いに応じて中国に出兵している。この英仏連合軍は一八六〇年には北京に迫り、あの壮麗な円明園を廃墟と化した。北京条約で一方的な通商上の利権を獲得したのは周知のとおりである。一八五八年には鎖国日本から強引に開港を引き出して日仏修好通商条約を結んだ。またインドシナ半島では、一八五七年にアンナン(安南)を征服、六二年にコーチシナ併合、六三年にはカンボジアを保護国化した。第二帝政下で、フランスの植民地面積は三倍にも拡大している。

一方、アメリカ大陸への進出は誤算であった。一八六二年、メキシコの自由主義的革命政権が外国債の利子支払い停止を宣言したのを口実に、フランスはイギリス、スペインを誘って兵を送った。アメリカ合衆国が南北戦争の渦中で介入できない状況にあったのも計算されていた。しかし、メキシコのファアレス政権の抵抗は頑強で、遠征軍は風土病にもなやまされ、イギリス、スペイン両国は早々に軍を引き上げた。だが、ナポレオン三世の中央アメリカへのこだわりは、サン・シモン教的夢想に基づくものであったため容易には引き下がれなかった。彼はかねてより、中央アメリカに運河をつくって二つの大洋を結び、この地にカトリックのラテン帝国を築きあげるという壮大な構想をもっていた。もちろん「新大陸」の巨大な市場と豊富な資源がフランス産業を支える、という現実的利害にも裏打ちされていた。ちょうど同じころ、元サン・シモン派、レセップスによるスエズ運河開鑿《かいさく》工事が開始されていた。先にみたアンファンタンのスエズ遠征より現実味をおびていたことだけは確かである。皇帝の執念は三万人の増援部隊を送り込み、一八六三年六月ついに首都メキシコ市を陥落させた。

しかし、オーストリア皇帝の弟マクシミリアンを傀儡《かいらい》皇帝にすえて成立したラテン帝国は、ファアレスを支持するメキシコ民衆の執拗なゲリラ戦に難渋しつづけただけでなく、やがて合衆国の強硬な撤兵要求にも直面した。ナポレオン三世はやむなく撤退を決定し、一八六七年二月撤兵を完了したが、引上げを拒否したマクシミリアンはメキシコ軍に捕えられ銃殺される。フランスはこのメキシコ遠征で、三億三六〇〇万フランの戦費と六〇〇〇人以上の兵士を失い、皇帝の外交的栄光は地に墜《お》ちた。

そのナポレオン三世の野望にとどめを刺したのはプロイセンの台頭であった。あとにみるように、一八七〇年ビスマルクの挑発にのった普仏戦争では大敗をきっし、自ら捕虜の身となって第二帝政はあっけなく瓦解する。

「工業化社会」とソシアビリテの変容

ここで、しばし社会史的側面からこの時代を振り返ってみよう。というのも、工業化社会への移行期には都市化の加速という現象が各地で進行し、従来の静態的な社会構造や牧歌的な社会関係を一変させるきっかけとなったからである。たんに従来からあった個々の都市を膨張させただけではない。それは地方中核都市を中心とした広域コミュニケーション圏を活性化し、さらには全国的なコミュニケーション網をも成立させた。世紀前半には、運河網と道路網の整備に公的資金が意欲的に投入された。また先にみたように、一八四〇年代以降、各地で鉄道建設が精力的に推し進められた。これらの交通手段の飛躍的拡充が都市と都市、都市と農村をより緊密に結びつけるネットワークをつくりだした。人々の移動と交流は、経済物資の流通だけでなく、都市的・市民的価値観が農村に浸透する契機となる。首都パリでの事件やファッションは、地方住民にとっても無縁の情報ではなくなりつつあった。いいかえれば、工業化段階における都市化は、「モノ・ヒト・コト」の相互交流の飛躍的拡大をとおして、旧来のソシアビリテ（社会的結合関係）に根本的変容を迫るものであり、同時に全国レヴェルでの政治統合や文化統合をはじめて可能にする物理的前提条件でもあった。

十九世紀前半の人口流入は首都パリの人口を文字どおり倍増させ、一八四六年にはついに一〇〇万人を突破した。この急激な人口移動は、一八〇八年から開始されたウルク運河の開鑿工事、四一年以降のチエールによるパリ城塞化工事、さらには同時期に本格化する鉄道建設といった一連の大土木事業が大量の労働力を引き寄せただけでなく、それに付随して生活関連産業部門を肥大させたことが大きな誘因となっている。つまり、パリでの工業化の波及は、単一産業を中心とする新興工業都市と違い、機械制大工場の生成というよりも、業種の多様化、補助労働の増大、小作業場のネットワーク化による産業規模の空間的拡大、というかたちをとって進行した。既製服が普及し始めた衣料産業や土木建築部門での下請け制ネットワークの急成長は、この時期にもっとも特徴的な例である。

この流入人口の急増は、まず都市機能を麻痺させずにはおかなかった。というのも、一般に流入労働人口は、低所得者層が密集する地域に吸い寄せられ、市内中心部の労働者街や市壁外の場末に一層劣悪な住環境を生み出すことになったからだ。当時のパリの都市衛生は、じつにおぞましい状況にあったといわれている。もっとも、狭い街路にひしめきあうアパルトマンや木賃宿の生活も、住民にとってはそれなりに暮しやすい近隣共同体の空間であった可能性も否定できない。だが、為政者にとってはこの貧民街は不衛生と犯罪、コレラとバリケードの巣窟以外のなにものでもなかった。一八三二年のコレラ大流行はもちろん、七月王政下のたび重なる争議や暴動、とりわけ二月革命から六月蜂起にいたる壮絶なバリケード市街戦などは、これらの都市環境と無縁ではなかった。

「パリの下水道」　セバストポル大通りの下を流れる下水幹線渠を視察する内務相。ヴァランタン画。

首都の大改造

　麻痺した首都の都市機能を回復し、コレラとバリケードの病巣を取り除く、この厄介な課題に挑んだのが、ナポレオン三世とジョルジュ・オスマンのコンビであった。一八五三年セーヌ県知事に登用されたオスマンは、皇帝の支持を背景につぎつぎと大規模な都市改造に着手した。彼はまず、市中心部のまがりくねった街路やシテ島の貧民窟を一掃し、広い直線的な大通りを東西南北に貫通させ、道路交通網を徹底的に整備した。また、新オペラ座、中央市場といった公共建築を建造するとともに、街路照明を大幅に増設し建物の高さを一定に規制するなど、都市景観にも細かく配慮している。「ガス灯ゆらめくパリ」の基本的景観はこの第二帝政期に生み出されたのであった。

　また一八五九年六月の法令により、市壁の外にあふれでていた居住区も市域に組み込まれ、パリ市は従来の一二区から今日とほぼ同じ二〇区に再編された。これによって市の面積は二倍以上になり、人口も一二〇万人からおよそ一六〇万人に増大している。この新しいパリには西のブーローニュ、東のヴァンセンヌをはじめ市内の要所に広大な公園が配置され、二〇年間で一挙に九〇倍もの広さを誇るようになった。都市衛生という点では、上下水道の全面的な再編がおこなわれた。デュイス、ヴァンヌ両川からの用水路建設によって上水が確保され、パリより下流のセーヌ川へ集中排水するために大下水道工事が実施されている。十九世紀パリの水売りの話は有名だが、彼らがくみとるセーヌ川の取水口の近くで洗濯船が浮かび、下水口から汚水がたれ流されている、といったおぞましい光景はこれによって解消されたのであった。

　この「オスマン化」と呼ばれる一連の大事業によって、パリの姿はたしかに一変した。「明るくて清潔な都市」の出現は、ブルジョワ社会の繁栄をそのまま象徴している。同時にそれは、都市下層民という「危険な階級」を市民的秩序に包摂しようとするものであった。だが為政者たちの思惑とは別に、この統合の空間はまた、容易にあらたな断絶の空間に変貌した。大胆な住空間の改造は、それまでの近隣共同体を解体し社会関係の再編を迫らずにはおかない。たとえば、区画整理で市中心部を追われた庶民は、投機のために家賃が高くなったもとの下町に戻れず、市周辺の新開地に移り住むこととなった。このため、それまでブルジョワと労働者がまじりあって住んでいたパリで、しだいに「住み分け」が明確になってくる。つまり、中心部から西部を占めるブルジョワ街を、東部から南北に環状に伸びる労働者街が取り囲む、いわゆる「赤い帯」ができあがる。この「二つのパリ」の形成による都市住民の一体性の喪失は、あらたな断絶の構図をつくりだした。

もっとも、かつてのパリで、一つの建物にブルジョワと労働者が各階別に住まうという「垂直的住み分け」が支配的であったというのは一面的にすぎる。以前から、パリ東部にはおおむね職人・労働者が多く、西部は貴族・ブルジョワの街という「水平的住み分け」がある程度成立していたことも事実である。また、オスマン化以後も、表通りを一歩はずれた路地裏には、まだ市民的秩序に包摂されていない下層民の共同体的空間が隣合せに存在しつづけていた。ちなみに、今日のパリでも「赤い帯」はさらに市域外に広がっただけでなく、市内でも移民の増大によってエスニック・マイノリティごとの街区が形成されつつある。異文化間の摩擦があらたな断絶をもたらし、パリ市民、フランス国民の一体性に問いを投げかけている。第二帝政はこの断絶空間の原初を人工的につくりだしたことになる。

鉄道網と職人共同体の変貌

こうして都市機能を一新した首都パリは、全国への情報の発信地、モノ・ヒト・コトの移動と交流の中心地としての機能をいちだんと高めるようになった。これを支えたのがすでにみた全国鉄道網の普及である。鉄道の全国ネットワークは、関連産業などへの経済的波及効果だけでなく、労働者の熟

巡歴職人たちの見送り　つぎの宿場に旅立つ巡歴職人を，職人組合の正装で見送る儀式。ボルドー，1823年。

練技能の性格や日常的習俗、さらには社会的結合関係《ソシアビリテ》にも少なからぬ影響をおよぼした。大工や指物工といった熟練職人の世界もじつは例外ではなかった。職人組合《コンパニョナージュ》の衰退をそのもっとも顕著な例として取り上げてみよう。

十九世紀中葉までのフランスには、トゥール・ド・フランスと呼ばれる熟練職人の遍歴ルートが存在した。「フランス巡歴」と訳されるこの慣習は、徒弟修業を終えた職人たちが親方作品を提出する前に、全国各地をめぐってさらに腕を磨くという、中世末期以来の伝統にのっとった修業システムである。リヨンを中心にマルセイユ、ボルドー、ナント、パリといった拠点都市を結ぶネットワークは、職人組合が各地で経営する職人宿によって支えられていた。十七〜十八歳から二十二〜二十三歳ぐらいまでの職人たちは、この職人宿で、仕事の斡旋から衣食住の世話、不慮の疾病や埋葬にいたるまで、一切の面倒をみてもらうことができた。また新参職人は日常の作業を通じて先輩職人の助言や指導を受けただけでなく、職人宿の夜間講座で製図や設計技法などのテクニックを学びとった。

巡歴職人たちは、このような職人宿のネットワークを頼りに四〜五年がかりでフランス全土を一周し、腕を磨きながら知見を広めた。さまざまな土地での、出身を異にする人々との交流は、技術の習得にもまして、なにものにもかえがたい経験であった。このような大旅行は、グランド・ツアーと呼ばれるヨーロッパ漫遊をおこなった貴族の子弟にしか望みえなかったことであり、土地に縛られた農民にはとうていなしえないものだった。つまり、フランス巡歴というシステムを備えた職人組合は、一元的な文化空間が成立していなかった時代にあって、例外的に全国的広がりをもつ職能的アソシアシオンだったのである。職人組合は機能の多様性においても際立っている。それは相互扶助組合であると同時に職業訓練学校であったし、生活協同組合や職業紹介所であると同時に労働組合でもあった。彼らは自律的な熟練労働を武器に、親方と労働条件について交渉しストライキさえおこなった。それはまた共通の習俗と文化をもつ衣食住共同体であり、貴族やブルジョワの支配文化にたいする民衆の「対抗文化」のひとつをなしていた。

ところが、鉄道網の出現は、この強力な職人協同体の基盤であるフランス巡歴のスタイルに微妙な影響を与えずにはおかなかった。たとえば、それまで徒歩で渡り歩いていた職人たちは、鉄道を利用することによって、たやすく都市間を移動できるようになった。たしかにこれは路銀の節約になったし、トパージュと呼ばれる道中のセクト間抗争を避けやすくもした。だが、こうした簡便さは、一方で職人組合の扶助機能や団結力をそぎ落とすことにもつながった。つぎの宿場までの路銀をもたせて職人たちを送り出すという、麗《うるわ》しい伝統の価値が減殺され、因習的な儀式ゆえに保たれていた組織の結束も、しだいに時代錯誤の仰々しさとうとんじられるようになった。鉄道が敷かれると、各駅には新しい宿泊施設がつくられ、これがまた職人宿の影を薄くした。鉄道は遍歴修業がもっていた繊細な教育機能をも低下させた。従来の徒歩による巡歴を「線」の旅だとすれば、鉄道による巡歴は「点」の旅にすぎない。都市間のすみやかな移動は、道中のさまざまな風物や土地の人々とのきめ細かな触合いを奪うものだった。

もちろん、職人組合が衰退したのは鉄道網のせいだけではない。主な原因は工業化の進展によって伝統的熟練を必要としない労働がふえ、職人的熟練職種が先細りになったところにある。時代は閉鎖的な職人組合より、もっと開放的な職種横断的組織を求めていた。鉄道網の生成はこの流れに勢いを与えたというべきかもしれない。とはいえ、鉄道が人々のコミュニケーション状況を一変させ、社会的結合の基本的な枠組みに与えたインパクトの意味は重い。それは、のどかなフランス巡歴がもはや「近代的」心性にそぐわない過去の因習と化しつつあることを明らかにした。それは古典的な職能的共同体によってつちかわれた、職人世界に固有の習俗を確実にほりくずしていった。

こうして十九世紀後半にはいると、職人組合はしだいに社会の片隅に追いやられ、一八七〇年代には完全に局地的な存在となる。それはもはや支配文化に抗する対抗文化の担い手たりえず、そのマルチ機能も分解をよぎなくされた。扶助機能は相互扶助組合へ、職業紹介機能は自治体の労働取引所へ、職能教育機能は企業内の職業訓練や夜間の職業学校へと、個別に分節化していく。すなわち、鉄道網の生成はたんに物資の流通革命にとどまらず、社会の底辺に息づく自生的な民衆文化の領域も蚕食する。あえていえば、鉄道がもたらした新しいコミュニケーション状況は、近代国民国家の基本条件である均質的文化空間が成立する、その端緒を開くものであった。それはまた、いずれ両大戦間期あたりに到来するはずの、労働者の市民社会的秩序への統合をも予告していた。

農村の文化統合

都市民衆や労働者をめぐるソシアビリテの変容には、特筆すべき現象がみられたが、人口の圧倒的多数を占める地方農村住民の状況はどうだろうか。交通網の形成や工業化の波及は、当然地方中核都市を中心とした広域経済圏を発達させるし、それらを結びつける全国市場もそれなりに形成する。しかし文化的な平準化はというと、そう簡単ではない。とりわけ言語の多元性は、均質的文化空間の実現には程遠い状況にあった。フランス革命を経験したこの国で、義務教育が成立したのは約九〇年後の一八八〇年代、第三共和政が安定してからのことである。つまり十九世紀のなかばを過ぎてもなお体系的な民衆教育が確立しておらず、国語としてのフランス語も成立していなかった。第一帝政、復古王政ともに初等教育を教会に委ねたため、十九世紀なかばの子供たちの多くは教区司祭や修道聖職

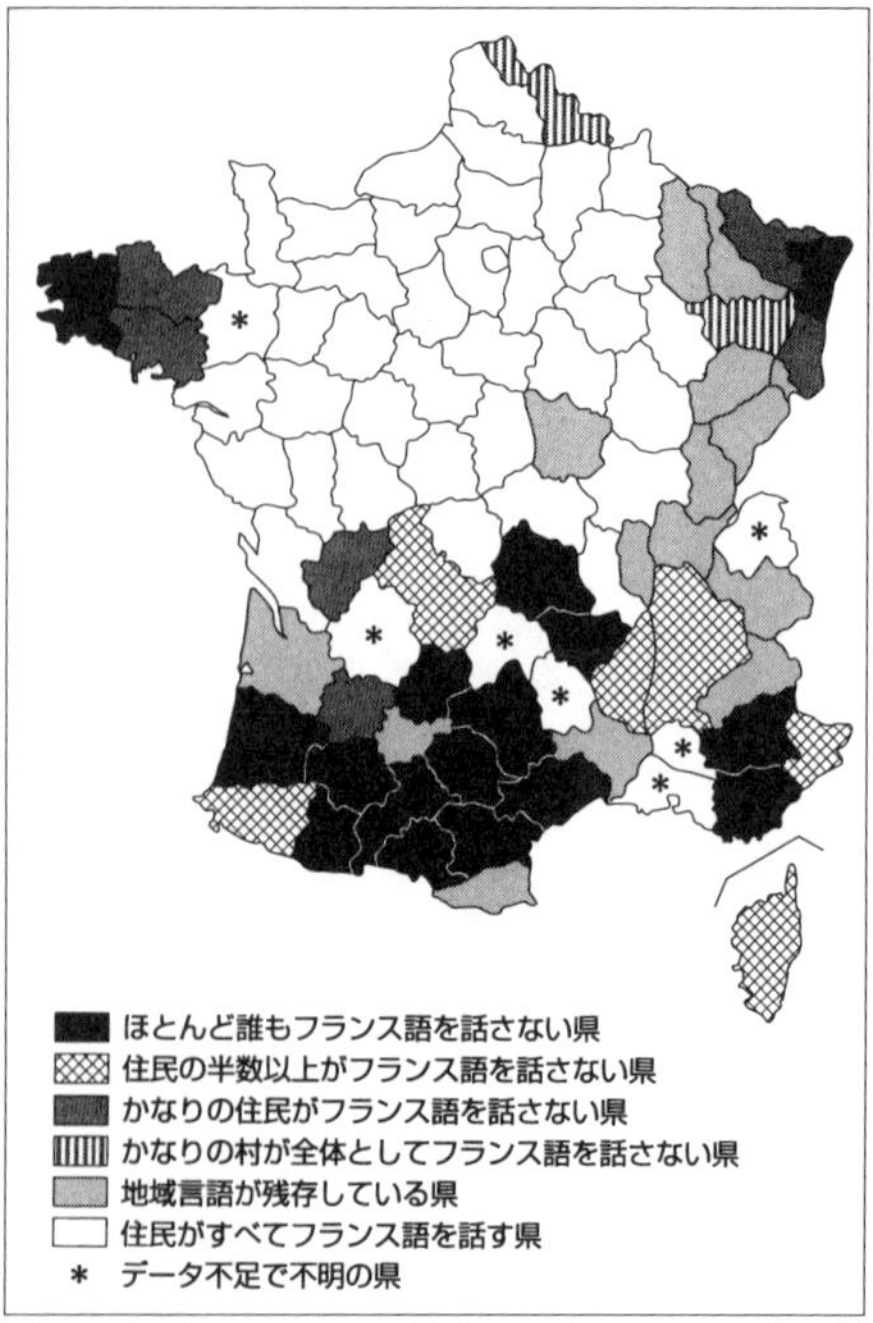

第二帝政期フランスの地方言語状況

者の手のうちにあった。農村の教師は司祭の助手、教会の堂守をかねているのが通例であり、ほとんど独立的な職業とみられていなかった。定収はわずかで、生徒の親の現物給付に頼らざるをえない。「初等教員は物乞いと同じだ」という視学官レポートが一八三〇年代に残されている。反カトリック的な七月王政になって、ようやく世俗の小学校の設立とその教員養成が日程にのぼった。一八三三年、市町村ごとに一校の公立初等学校の設置と、各県ごとに一校の師範学校の設立を義務づけたギゾー法がそれである。しかし、これは子供の就学を親に義務づけたものではなく、既存の教会系私立校を公立校と認定することが許されたザル法であったため、むしろ教会の影響力を強化する結果になったところさえみられた。

二月革命直後に無償・義務教育を導入しようとしたカルノー法は、保守派の巻返しで廃案となり、一八五〇年には共和政下でありながら、王党派カトリックのファルー子爵が公教育相に任命される。彼の導入した教育改革法、いわゆるファルー法以後、カトリックの公教育への浸透はいちだんと強められ、司祭と教師との対立が根深く潜行することとなった。ちなみに、第二帝政期における言語状況は図のごとくであり、多くの地方言語を母語とする多文化分立状態は、フランス革命期のそれとほとんど変わっていない。こうした状況の克服が真剣に検討され始めたのは、ナポレオン三世の対教会政策が転換した自由帝政期にはいってからである。公教育相に起用されたデュリュイは初等教員の待遇を大幅に改善し、共和派に近い世俗化の方向で改革案を提起した。それらの多くは、教会の猛反発と帝政の動揺によって実現しなかったが、続く第三共和政で実現するフェリー法の先駆けとなった。

この公教育をめぐるカトリックと共和派(国家)との綱引きは、そのまま農村の日常的モラルをめぐる「村の司祭」と「田舎教師」とのヘゲモニー争いとして、全国各地でさまざまに展開された。この点では、言語ネットワークの分立状況にもかかわらず、閉鎖的と思われた「村の政治」と「国の政治」は、意外にも構造的に連動していたといえよう。

普仏戦争と第二帝政の瓦解

一八六五年十月スペイン国境近くのビアリッツで保養していたナポレオン三世はビスマルクの訪問を受け、プロイセンがオーストリアと開戦する際フランスが中立を保つなら、ライン左岸のどこかを割譲してもよいとの意向をほのめかされた。この口約束でフランスの好意的中立をとりつけたプロイセンがオーストリアを破ったのち、ナポレオン三世はその見返りの履行を求めたが、ビスマルクはそれを反故《ほご》にした。のみならず、彼は、オランダからルクセンブルクを買収しようとしたフランスに激しく抗議し、ロンドン列国会議でそれを永世中立国とすることに成功した。さらにスペイン王位継承問題で追打ちをかける。

スペインでは一八六八年の革命でブルボン復古王政が倒れ、あらたな立憲君主政の国王として、プロイセン王家であるホーエンツォレルン家の系統を引くレオポルトを推戴しようとした。フランスにとって、このことはプロイセン王家に挟みうちされることを意味し、ハプスブルクのカール五世がスペイン王カルロス一世をかねてフランスを挟撃した十六世紀の悪夢を思い出させるものであった。フランスの世論をあげての激しい抗議に、一時は受諾に傾きかけていたホーエンツォレルン家も辞退を表明する。フランスとの開戦を望んで、王位受諾を働きかけていたビスマルクの野望はこれでついえたかに思われた。だが、ここでフランスは深追いしてしまう。外相グラモンは、「この王位継承問題は二度と蒸し返さない」という確約をプロイセン国王自身からとりつけるよう、駐プロイセン大使ベネデッティに指示した。一八七〇年七月十三日朝、ベネデッティはヴィルヘルム一世の確約を求めて温泉地エムスをおとずれた。だが国王はこの非礼に腹を立て、申し入れを拒否しただけでなく午後の引見予定をも取り消した。この経過は電報でベルリンのビスマルクに伝えられた。開戦準備おこたりないビスマルクは、すでにバイエルンをはじめとする南ドイツ四領邦国の支持をとりつけ、イギリス、ロシアからも好意的中立の感触をえていた。国王からの電文を受け取ったビスマルクはその内容を改《かい》竄《ざん》して新聞に公表した。フランス大使の非礼に怒ったプロイセン国王は今後一切フランスとは交渉しないというものであった。有名なエムス電報事件である。これをみたドイツの世論はわき立ち、反フランスをバネとした国民意識が一気に盛り上がった。他方、大使が侮辱されたとみたフランスの世論も猛反発する。早くも七月十四日には開戦が閣議決定されて、十九日にはプロイセンに宣戦布告したのである。

この戦いは普仏戦争といわれているが、実態は全ドイツとフランスとの戦い、つまり独仏戦争であった。五二万の兵力、質量とも優勢な火器、円滑な輸送・兵站《へいたん》など準備万端整えられていたドイツ軍にたいして、大砲を半分以下しかもたぬ三〇万のフランス軍は、兵站部の準備が遅れたまま実戦に突入したが、ヨーロッパ最強という彼らの自負が虚構であったことを露呈するのにいくらもかからなかった。八月、アルザス・ロレーヌに進攻したドイツ軍は連戦連勝、月末にはフランスの主力軍をメッスとスダンに分断して追いつめ、包囲の態勢を整えた。九月一日、スダンで総攻撃を受けたフランス軍は一万七〇〇〇人の死傷者をだし、翌二日にはナポレオン三世は八万三〇〇〇の将兵とともに降伏した。九月四日、この報を受けたパリでは蜂起が起こり、第二帝政はあえなく瓦解、穏健共和派を中心とした臨時国防政府が成立した。彼らは急遽兵士を徴募し、国民衛兵を召集して防衛につとめたがおよばず、スダンを落としたドイツ軍は九月十九日に早くもパリを包囲する。和平交渉は、アルザス・ロレーヌの割譲というプロイセンの要求を拒否したため決裂した。パリでは、国民衛兵を中心に愛国主義《パトリオチスム》にもえる武装民衆と、すでに敗戦を覚悟した臨時政府とのあいだに二重権力状況が発生していた。

このパリ攻囲戦さなかの一八七一年一月十八日、占領されていたヴェルサイユ宮殿「鏡の間」では、プロイセン王ヴィルヘルム一世のドイツ皇帝戴冠式がとりおこなわれた。フランスにとっては、まさに屈辱的事態である。結局、兵糧攻めをしのぎながらの籠城戦も実らず一月二十六日ついに降伏。正規軍は捕虜となり二十八日パリは開城された。あらたに行政長官に就いたチエールが交渉にあたり二月二十六日に仮講和条約が締結された。フランスは五〇億フランの賠償金を向こう三年間で支払い、アルザスの大半とロレーヌの三分の一をプロイセンに割譲するという条件を飲まざるをえなかった。三月一日、勝ち誇ったプロイセン軍がパリに入城した。この結末はフランスの対独報復的ナショナリズムの原点となるであろう。

5　第三共和政下の国民統合

パリ・コミューンと民衆運動

フランスがドイツ帝国との講和条約を正式に締結し、国家再建にとりかかるには首都パリでの二重権力状態をすみやかに克服する必要があった。一八七一年三月十八日未明、チエールは残された政府軍を動員しパリ国民衛兵の武装解除にあたらせた。モンマルトルやベルヴィルに陣取っていた国民衛兵の大砲二〇〇門余りを、薄明にまぎれて奪取する作戦である。この奇襲は成功したかにみえたが、モンマルトルの丘から大砲を引き下ろすための馬の確保に手間どっているうちに住民に発覚し、かけつけた国民衛兵に奪還されただけでなく、指揮官ルコントが捕縛されるという事態が発生した。作戦に参加した政府軍の一部が国民衛兵に合流し、例によって各所でバリケードが築かれた。パリ東・北部はまたたくまに国民衛兵と蜂起民衆の支配下にはいった。民衆に拘束されたルコント、トマの両将軍は午後のうちに処刑された。予期せぬ事態でパニックに陥ったチエールは、午後四時ごろパリ市長ジュール・フェリーやほかの閣僚の反対を振り切ってヴェルサイユへ逃亡する。のちに彼は「あれは

「血の週間」　５月21日，パリ市庁舎前の攻防戦。

作戦的撤退だった」と弁明しているが、七月革命前夜から長らく政治にかかわってきたチエールの脳裏には、パリ民衆運動の恐ろしさが焼きついていたのであろう。

こうして首都には国家権力の空白が生じた。にもかかわらず、まったく防衛的に「蜂起」した民衆の側にも、明確な目的意識をもった指導部が不在だった。そのため、政治的にはほとんど無名の集団である国民衛兵中央委員会が市庁舎にはいり、コミューン議会（パリ市議会）選挙の即時実施を呼びかけることをよぎなくされた。一週間後の三月二十六日に選挙がおこなわれ、パリ・コミューン議会が成立する。執行権と行政権をかねた、史上初の労働者政権とも呼ばれた自治体＝政府の誕生である。三月二十八日、市庁舎前広場でパリ・コミューンの成立が宣せられる。数万のパリ市民と国民衛兵のうねりが赤旗のなびく広場を埋めつくした。

しかしながら、このパリ・コミューンは、ドイツの占領軍が包囲する停戦下で、正規軍の崩壊と民衆の武装というきわめて特殊な状況において成立した「自生的で、開放的で、防衛的な、しかし束の間の、祝祭空間」にほかならなかった。しかも、パリの祝祭はフランス全体のなかでは突出した現象であり、孤立をよぎなくされていた。ヴェルサイユで態勢を立て直したチエールの政府は、捕虜となっていた正規軍兵士をビスマルクと交渉して釈放させることに成功した。四月なかばには復帰したマクマオン元帥を総司令官とする一三万の政府軍を再編し、パリの制圧にとりかかった。およそ二〇万人といわれたコミューン派であったが、内紛や指揮系統の混乱で劣勢はまぬがれなかった。しだいに追いつめられた彼らは、五月二十一日から一週間にわたる総攻撃を受け、二十八日ついに力尽きる。「七二日間の夢」であった。

「血の週間」と呼ばれるこの戦闘でのコミューン派の死者はおよそ三万人、投獄された者四万三五〇〇人。他方ヴェルサイユ側の死者は一〇〇〇人たらずといわれている。装備、戦闘能力の圧倒的な差に加えて、報復テロがいかに凄まじかったかを物語っている。絶望したコミューン派が退却途上で市内に火を放ったことも、ヴェルサイユ派のテロに拍車をかけたであろう。またプロイセン軍がパリ東部を固め、退路を絶ったのも大きかった。とくに凄惨をきわめたのは五月二十七日、ペール・ラシェーズ墓地での雨中の白兵戦であった。このとき降伏したコミューン派の即時銃殺に使われた壁は「連盟兵の壁」と呼ばれ、コミューンの「記憶」をとどめる場所となっている。

コミューン神話のゆくえ

「七二日間の夢」に終わったとはいえ、コミューン運動に目的意識性や社会主義色がなかったわけではない。ブランキ派はもとより、ヴァルランら第一インターナショナル・パリ支部のプルードン左派と呼ばれる活動家たちもコミューン議員を構成していた。彼らはコミューンの政策綱領として、「労働者生産協同組織（アソシアシオン）の組織化、累進課税、常備軍と警視庁の廃止、国民衛兵の自治、官吏や裁判官のリコール制、世俗化された無償・義務教育、政教分離」などの項目をあげている。ただ、それらは中央集権的な国家権力や「首都の独裁」によってではなく、自治都市パリを基点に全国の地方自治体に呼びかけ、コミューン連合を構成していくことによってはたそうとするものであった。集権国家の解体をめざすアナーキストたちが、パリ・コミューンを理想視したのはこのためである。

実態としてのパリ・コミューンは、もっと素朴で混沌としたものであった。先の政策プログラムをよくみると、たしかにプルードン的連合主義のにおいがするものの、その基調はフランス革命から二月革命をこえて、十九世紀フランスの社会運動が営々と積み重ねてきたものの集大成にほかならない。国民衛兵を味方につけたバリケード市街戦という行動スタイルは、紛れもなく十九世紀的民衆運動のそれであった。また、コミューン議員の過半数は小ブルジョワと知識人であったし、労働者に分類されている者も工場労働者というより職人的労働者が中心である。一般のコミューン戦士には親方や小店主なども多数加わっている。やはり、「革命の都パリ」に特有の一体感に基づいた都市民衆の反乱とみるほうが事実に近いだろう。つつましい社会革命的綱領も目前の戦闘に追われ、ほとんど陽の目を見ずに終わっている。ちなみに教育三原則や政教分離は、彼らの敵ヴェルサイユ派を中心とした第三共和政下で実現されたものである。

それでは、パリ・コミューンはたんなる十九世紀的民衆運動の「たそがれ」にすぎなかったのだろうか。戦術的な総決算という意味ではそうかもしれない。たしかにそれはバリケード市街戦の有効性にとどめを刺した。コミューン以後の社会運動は、議会選挙を通じた政党組織化の方向をたどるものと、労働組合の組織化によるゼネスト革命から生産者連合国家を展望するもの、いわゆるサンディカリスムとに分化していく。前者の共和主義的社会主義は第一次世界大戦前後にフランス社会党に引き継がれ、今日の社会民主主義政党の源流となっている。後者の流れには元コミューン派も与《くみ》し、コミューンの理念をより直接的に継承するものであるが、第一次世界大戦後にはしだいに前者の流れに吸収されていく。ただし、この直接民主主義的伝統は、今日でも頻繁に発生するストライキと大規模で激しい街頭デモの習慣として根をおろしているとみることもできる。パリ・コミューンに頂点をみる十九世紀フランス民衆運動でつちかわれた集合心性は、地下水脈となって今日にまで引き継がれ、きわめてフランス的な政治文化のひとつをかたちづくっている。

王政復古の挫折からオポルチュニスムへ

　第二帝政が崩壊した一八七〇年九月初めに、ただちに第三共和政が成立したと考えている人も少なくない。たしかに臨時政府の成立した九月四日には共和政宣言もなされている。だが、政体問題はかなりあとまで先送りされたままであった。一八七一年二月末にドイツとの仮講和をおこなった行政長官チエールは、王党派が多数を占める「ボルドー議会」の委任を受けていた。彼は五月にフランクフルトで正式に講和条約を結び、パリ・コミューンを制圧したあと、八月に初代大統領に就任している。一応この時点を第三共和政の始まりと考えるのが一般的だが、このときも議会はもちろん王党派主導であり、最終的な政体については留保するかたちでチエール政権は推移した。

　一八七三年三月に賠償金の支払いと占領ドイツ軍の撤退(九月)に合意したのち、チエールが共和政体をめざしていることが明らかになると、彼と提携していたオルレアン王朝派が離反し、王党派がひとつになってチエールの不信任案を議会で可決した。かわって大統領に推されたのはパリ・コミューン鎮圧に功のあったマクマオン元帥であり、政変の仕掛人ブロイ公が首相に就任した。彼らはもちろん王党派である。ブロイ公のカトリック色濃厚な組閣は「道徳秩序」内閣と呼ばれている。しかし、正統王朝派とオルレアン派の確執は根が深く、王政復古にはいたらなかった。部分改選の度に共和派が議席を伸ばし、ボナパルト派まで復活の兆しをみせ始めるなかで、政体問題は憲法制定論議に収斂《しゅうれん》していかざるをえなかった。

延々と続いた議論の末に、一八七五年一月ヴァロン修正案がじつに一票差で可決され、第三共和政憲法がようやく成立する。王党派は七年任期の大統領制に王政復古の期待を残し、終身議員と間接選挙による上院の設置で妥協したが、普通選挙制の下院では翌一八七六年共和派に完敗する結果に終わった。こうして共和派の首相が王党派の大統領と対峙する不安定な時期が一八七九年まで続くことになる。しかし王党派はクーデタの機会を失ったまま、一八七九年一月の上院選挙でも少数派に転落し、マクマオンは辞任した。共和派のグレヴィ大統領とヴァダントン内閣が誕生し、ようやく議会が大統領に優越する第三共和政の統治システムが定着するようになった。

一八八〇年代の前半、この議会共和政の実質的基礎を固めたのはジュール・フェリーを中心とする穏健共和派であった。彼らは急進派からはオポルチュニスト(日和見《ひよりみ》主義者)と揶揄《やゆ》されたが、国民諸階層の要求に慎重に配慮しながら「時宜にかなった」改革をひとつずつ着実に実施する、肯定的な「オポルチュニスム」を自負した。たしかにこの時期、共和主義的自由、反教権主義、植民地拡張を三つの柱とする諸政策がつぎつぎと導入されている。たとえば、ラ・マルセイエーズを国歌に定め、バスチーユ襲撃の七月十四日を国民祝祭日とし、さらに一八八〇年のこの日にパリ・コミューンで処罰された人々に大赦を与えた。これらの措置は、彼らがフランス革命の継承者であり、政治的自由の推進者であることをアピールするものであった。また、同じ年に認めた「酒場開業の自由」は、民衆の政治的論議の場を保証するものであり、翌一八八一年の「集会と出版の事前認可制廃止」につながった。一八八四年には労働組合を容認する「ヴァルデック・ルソー法(結社の自由化)」、各市町村議会に普通選挙を導入し一定の地方自治を認めた「自治体改革」、そして上院の終身議員廃止と矢継ぎ早に政治の自由化を推進している。

反教権主義政策についても精力的であった。たとえば「日曜労働の自由」の承認(一八八〇年)はキリスト教の安息日に反するものである。八四年のナケ法も、教義に反するため復古王政下の一六年に廃止されていた離婚を合法化するものだった。フェリーが強力に推進した初等教育への無償・義務・世俗化原則の導入(一八八一〜八二年)や、女子中等教育の世俗化(カミーユ・セー法、八〇年)とセーヴル女子高等師範学校の開設(八一年)などは、カトリックの青少年への影響力をほりくずそうとする試みであった。

さらに植民地拡張政策は、逆説的ながらドイツとの摩擦を避け、国内外の平和を損なわないという配慮のもとに進められた。ビスマルクのフランス封じ込め政策にさからわず、ヨーロッパの外に、とりわけアフリカと東南アジアに植民地を求めることによって、普仏戦争で傷ついたフランスの威信回復をはかるという路線である。これにたいし、対独復讐を唱える右翼王党派やジョルジュ・クレマンソーら急進共和派は、海外遠征に巨費を投じるよりも国内軍事力の増強を訴えてフェリーの「日和見主義」を批判した。だが、オポルチュニストは他方で、鉄道網の完成、運河網の拡充、港湾の近代化など、流通・輸送手段の整備をめざすフレシネ・プランを強力に推し進め、国家主導の国民経済建設にも取り組んでいた。彼らの植民地拡充政策は、やがて資本・商品輸出市場と原料供給地の確保という経済的目的にも合致するようになる。のみならず、ドイツの海外進出が本格化するにおよんで、植民地争奪戦そのものが対独報復という政治的目的にかなうものとなった。フランスは、これ以後世紀転換期にかけて、アルジェリアやタヒチ、ニューカレドニアなど従来からの植民地に加え、フランス領西アフリカ、赤道アフリカ、インドシナ連邦、ラオス、シリアなどをつぎつぎに支配下におさめていく。こうして第一次世界大戦前には、イギリスにつぐ一大植民地帝国となるわけだが、その基礎はこのオポルチュニスト共和派の政治路線によって確立されたといえよう。

ブーランジスム

しかし、一八八〇年代後半にはいると、この穏健共和派による議会主義体制は大衆運動の昂揚によって重大な危機に立たされる。将軍ジョルジュ・ブーランジェを中心とする反議会主義的政治運動、いわゆるブーランジェ事件の試練である。一八八六年、クレマンソーの後押しで陸相となった共和派将軍ブーランジェは、おりからのドカズヴィル炭鉱ストライキに際して鉱山労働者の立場に同情を示し、まず労働者層の支持をえた。ついで軍隊からの王族の追放、兵営生活改善、兵役短縮などの軍制改革を提起して民衆の共感を集めた。さらに翌一八八七年四月、ロレーヌで起こった国境紛争、シュネブレ事件ではドイツにたいする強硬姿勢を貫いた。ブーランジェの態度は、対独摩擦を恐れるオポルチュニスト外交の弱腰にいらだっていた大衆の人気を集め、一躍「復讐将軍」、国民的英雄ともてはやされるようになった。

彼の大衆的人気に危険なものを感じたオポルチュニスト政権は、ブーランジェを更迭し地方の軍司令官への左遷を決定した。しかし、パリからの排除を意図したこの措置はかえって民衆の怒りをかりたて、ブーランジェはにわかに反オポルチュニスム勢力を糾合するシンボル的存在となる。さらに、大統領を辞任に追い込んだ政界スキャンダルがブーランジェ人気に拍車をかけた。対独復讐を誓うナショナリストはもとより、社会政策を求める急進派や労働者、王政復古をねらう王党派、さらには彼のカリスマに帝政復活をかけるボナパルト派にいたるまで、左右の不満分子がこぞってブーランジェをかつぎだした。一八八八年にはいると、ブーランジェ自身も「議会解散、憲法改正、あらたな制憲議会」というスローガンを掲げ、各地の補欠選挙につぎつぎと立候補した。かつてナポレオン三世がやったように、複数名簿方式の補欠選挙に当選しては辞退し、あらたな出馬を繰り返しては得票を伸ばす。この戦術は一種の人民投票のような政治的効果をもった。また、彼の選挙活動では、復讐将軍ブーランジェを讃えるシャンソンがうたわれ、名前と肖像画を盛り込んだ絵入り新聞やパンフレット、ブロマイドさらにはブーランジェ・グッズまでが大量に配布されるなど、都市大衆向けのイメージ・キャンペーンが展開された。

あたかもフランス革命百周年にあたる一八八九年の一月二十七日、パリの補欠選挙で議会主義共和派統一候補に圧勝した夜、ブーランジェ運動は最高潮に達し、首都は文字どおりクーデタ前夜の熱気につつまれた。右翼「愛国者同盟」のデルレードら支持者は元将軍にエリゼ宮(大統領官邸)への進撃を迫った。だが、秋の下院選での合法的政権奪取にこだわったブーランジェは、この決定的瞬間に行動をためらった。期待を裏切られた大衆運動のエネルギーは急速に拡散する。急進共和派を与党に加えた政府のすばやい反撃でブーランジェ派は四散、陰謀罪の適用を恐れてブーランジェ自らはベルギーに亡命してしまう。欠席裁判で国外追放となったブーランジェに復活の道は閉ざされ、二年後、失意の元将軍は愛人ボヌマン夫人の墓前でピストル自殺した。

ブーランジスムは議会外の民衆運動に依拠して、反議会主義・人民投票型民主主義を標榜し、左右の諸潮流を糾合した点でボナパルティスムと似通っている。しかし、その支持基盤が大都市と北部工業地帯にほぼ限定され、都市急進運動の色彩濃厚だったところは異なっている。第三共和政の支柱である農村に浸透できず、かえって議会制擁護を軸としたオポルチュニストと急進共和派との結合をうながし、議会共和政の再編強化をもたらしたのは皮肉であった。

フランス革命百年祭と建国神話

一八八九年五月五日、ブーランジェが亡命したほぼ一カ月後、パリ万国博覧会の開会式がシャン・ド・マルスで挙行された。これと時を同じくして、フランス革命百周年を記念する祭典がパリを中心に全国各地でとりおこなわれている。五月五日は全国三部会の開催日にあたるが、「球戯場の誓い」の六月二十日、バスチーユ襲撃の七月十四日、封建的特権廃止の八月四日、ヴァルミの戦勝の九月二十一日などを記念する祝賀行事が、万博開催期間にあわせて実施された。ただし七月十四日は、すでにふれたように一八八〇年から国民祝祭日、つまり建国記念の日とされ、毎年はなやかな祭典と軍事パレードで祝われてきた。

　これらの祝祭は、王政復古の脅威とブーランジスムの危機を乗りきった議会共和主義者たちが、自らをフランス革命の正統的継承者と位置づけ、「国民共通の記憶」を制度化することによって、国民国家フランスの基礎を確かなものにしようという試みであった。もっとも、これらの日付の選択をみても想像されるとおり、革命の伝統の全体を継承するのではなく、国民的統一を表象しやすいものが注意深く選ばれている。国王処刑や恐怖政治《テルール》はもちろん、民衆蜂起も好まれてはいない。たしかに七月十四日は民衆蜂起の日ではあるが、ここではむしろ一七九〇年七月十四日に全国の国民衛兵がパリに集まった連盟祭がイメージされている。つまり国民的友愛と連帯の象徴である。百年祭の八月におこなわれた「市町村長の宴会」では、パリ市の呼びかけで全国の約三万六〇〇〇の市町村からおよそ一万一〇〇〇人が馳せ参じている。これなどは連盟祭のイメージそのものであった。三色旗で彩られた食卓を囲んで、全国の自治体長が国歌「ラ・マルセイエーズ」をうたう、まさに国民的和解と友愛の祭典である。一八八〇年代以降はまた、共和国を象徴する彫像「マリアンヌ」が急速に普及していく時期であった。全国の役場や市町村会議場、学校や公共広場などにいろんなマリアンヌ像が出現した。ナシオン(国民)広場の「共和国の勝利」群像がそのもっとも有名な例である。ドイツのゲルマニア像の普及と時を同じくしているのも面白い。その他、自由の木の植樹や「学童大隊」と呼ばれる子供の模擬軍隊行進なども祭典に導入された。

これらの建国神話の創出に歴史学がはたした役割もまた小さくない。フランスで歴史学という学問が大学アカデミズムのなかで制度化されたのは、一八七〇年代の実証史学の確立期だと思われるが、八〇年代にはいるとフランス革命史研究においても一連の制度化が始まっている。学術誌『フランス革命』が一八八一年に創刊されたのを皮切りに、八六年にはソルボンヌにフランス革命史講座が開かれ、八八年にフランス革命史学会が発足している。ソルボンヌの講座の初代教授にはアルフォンス・オラールが就任し、それまでの党派性をあらわにした物語的叙述を斥けて、実証研究を踏まえた「科学的・客観的」革命史の確立をめざした。たしかにオラールの手法は綿密な史料収集と冷静な分析に裏づけられた画期的なものであった。ただ、「一七九一年憲法」下の立憲体制をフランス革命の本流ととらえ、共和暦二年の恐怖政治を逸脱とみなす彼の革命解釈は、オポルチュニストの政治認識に符節をあわせるものであり、結果として現体制に学問的お墨付きを与えるという党派性をまぬがれなかった。絶対王権が神授のものとして教会に聖別されたように、共和国の建国神話は「科学的」歴史学によって聖別されたのである。また、この制度化された革命史学が称揚する新しい国民史は、歴史教育というメディアを介して広く共有されることとなった。たとえば、一八八四年にラヴィスによって編まれた初等学校向けフランス史教科書は『プチ・ラヴィス』の愛称で親しまれた。それは、おりからの義務教育化の波にのって各地で採用され、一〇年程のあいだに七五版を重ねたという。

エッフェル塔と植民地パビリオン

一八八九年のパリ万博はこうした建国神話形成の頂点をかざるものであった。産業ナショナリズムを競い合う祭典の白眉は、メイン会場のシャン・ド・マルスに出現したエッフェル塔である。工事は一八八七年七月から八九年三月まで、ほぼブーランジスムの盛衰と並行しておこなわれた。「鉄」という時代を象徴する素材を七〇〇〇トンもつぎこんだこの巨大建築は、なによりもまずフランス科学技術の水準、その近代性を誇示するものであった。だが、この地上三〇〇メートルの鉄塔は、共和国の威信をかけた世俗建築というもうひとつの使命を担っていた。それというのも、当時モンマルトルの丘には、サクレ・クール聖堂が建造中だったからである。高い丘の上に、八〇メートルの巨大なドームをもつロマネスク・ビザンツ様式のこの聖堂は、十九世紀の教会がカトリック的フランス再建の夢を託した一大モニュメントである。その白亜のドームはパリ北郊から市内を睥睨《へいげい》する教会芸術の結晶であり、まさに教権派の象徴となるべきものであった。さらにはコミューンの犠牲となった聖職者たちへの鎮魂という意味も秘められていた。

じつは、サクレ・クールの建設は一八七〇年代前半の王党派主導の議会で、その公益性を承認され事業認可を受けていたが、共和派が主導権を握った八〇年代になると建設中止を求める動きが急となり、教会のかわりに自由の女神像をたてよ、という声さえあがってきた。雇用対策という点から建設は続行されたが、万博はこれに対抗するイベントにならざるをえなかった。なかでもエッフェル塔はこの中世教会風の石造り建築にたいして、近代社会を象徴する鋼鉄造りの世俗建築としてけっしてひけをとってはならなかった。地上三〇〇メートルという高さへのこだわりは、明らかにモンマルトルのサクレ・クールを意識したものであった。今日のパリを代表するこの二つの建造物は、世紀末における「二つのパリ」の対立を象徴する建築でもあったわけである。

他方、一八八九年万博でエッフェル塔と人気を二分したものに、フランス植民地を紹介するパビリオン群があった。アンコール・ワットを模したカンボジア館など、現地仕立ての植民地パビリオンが立ちならび、自由・平等・友愛の共和国フランスが「野蛮で遅れた」植民地住民をいかに文明化したか、それがいかに感謝されているか、という展示が堂々とおこなわれた。革命の国フランスの国家原理は普遍性をもち、未開の劣った国々を同化＝文明化することは自らの使命だとする、人種偏見に基づいた「帝国意識」をこれほどあからさまにひけらかした博覧会はかつてなかったことである。国民のあいだに広がっていたアルザス・ロレーヌ喪失の傷跡を、海外植民地の獲得とその「文明化」によってうめあわせる、この代償行為の正当化によって国民統合をはかろうとするものであった。十一月六日まで半年にわたる会期中におとずれた入場者は延べ三三〇〇万人近くにのぼっている。一一年後の一九〇〇年に開かれたパリ万博でも同様の植民地展示がおこなわれた。こちらも入場者五〇〇〇万人を数えた。

6 文化統合の亀裂

フェリー法下の教師――「共和国の司祭」

第三共和政はフランス革命原理の一定の制度的定着をもたらしたわけだが、なかでももっとも困難な課題は「新しい人間をつくる」こと、すなわち共和主義的世界観をもった公民を育成することであった。国民統合の最後の仕上げは、青少年の教育からキリスト教的世界観に基づく生活習慣を排除する、習俗の革命を実現することだったといいかえてもよい。このこだわりは、フランスのカトリック教会が絶対王政の支柱であっただけでなく、フランス革命以後十九世紀においても、その主流はつねに王党派に加担してきたという政治の過去にも負っている。一八八一〜八二年にかけて、初等教育に「無償・義務・世俗化」原則を導入したフェリー法の成立も、七〇年代にたびたびささやかれた王党派のクーデタの背後に教会の影がちらついていたことと無縁ではなかった。共和政の安定のためには、全国の地方農村で根強く残る司祭の道徳的影響力をそぎ落とし、共和派の村長や師範学校出の教師がとってかわる必要があった。

ファルー法(一八五〇年)下では、教会が視学制度にくいこみ、聖職者身分証(恭順証書)のみで公立校の教壇に立つことが許されていたのにたいし、フェリー法は正規の教員免状をもたない聖職者を公立校の教壇から駆逐した。宗教教育が禁止されたのはもちろん、教室の壁からキリスト像が撤去され、マリアンヌ像に取り替えられたところもあった。第三共和政の指導者たちは、小学校教師に「共和国の司祭」としての役割を期待した。教師たちはまず、国語(フランス語)を普及し「単一にして不可分な共和国」のための前提条件を満たすこと、ついで聖史にかわる国史(フランス史)や地理の授業をとおして祖国の観念を養い、共和主義的公民の教化をはかること、そして理科や算数の学習によって「迷信」を払拭《ふっしょく》し、科学的世界観に導くことが求められた。

また教科の学習だけでなく、給食や遠足などの学校行事を通じて、公衆衛生、集団的規律などの生活規範を体得させ、生徒たちを旧来の教会行事にしるしづけられた習俗から脱却させることが期待された。さらに農村の教師たちは子供だけでなく、村人を相手に農作業の近代化や農協の組織化などについても助言を与えた。そのころ始まった全国的な予防接種では、農村で不足していた医者や看護婦の代役を務め、同じく盛んであった禁酒運動などでも一役買わされた。農村の小学校教員は、子供だけでなく成人にたいしても、新しい時代の科学知識と世俗的モラルの体現者であることが期待された

パリの愛徳女子修道会系孤児院での十字架撤去

のである。

「共和国の司祭」たちによるこうした活動は、反教権意識の強い地域ではすなおに歓迎されたが、信仰心の厚い地域ではさまざまな軋轢《あつれき》をもたらした。とりわけブルターニュなど少数言語地域では、国家による集権的文化政策の尖兵、地方文化の抑圧者として機能するケースもみられた。ケルト系のブルトン語の使用を禁じる公立校でのフランス語教育の推進は、母語に根ざした自生的な文化を奪う結果となり、かえって司祭や私立校のほうに民衆を追いやることも多かった。のちにコンブ内閣が発した教会内でのブルトン語使用禁止令(一九〇二年)にいたっては、いたずらに反共和政感情をかきたてるだけであった。他方、カトリック教会のほうも、ファルー法体制下で確保してきた農村でのモラル・ヘゲモニーをやすやすと手放したわけではなかった。彼らは公立校を追われても私立校を拠点にじつにねばり強く生き残りをはかりつづけたので、政府の攻撃は私立を支える修道会のほうに向かうことになった。たとえばフェリーは一八八〇年の組閣直後、ただちに無認可修道会に解散命令を発し、全国で約二万人の修道士・修道女を追い立て、多くの修道会系私立校を閉鎖に追い込んだ。抵抗の激しい地域ではしばしば流血事件に発展した。

ドレフュス事件

この共和政と教会との対立抗争は、一八九〇年代にはいるとようやく小康をえた。ローマ教皇レオ十三世の回勅「レールム・ノヴァールム」によって、教会の近代社会への適応がめざされ、共和政への「加担《ラリマン》」という政策がとられたからである。しかし、それも束の間のことであった。一八九〇年代後半には、ドレフュス事件が、仮眠していた「二つのフランス」を呼び覚ますことになった。一八九八年一月、作家ゾラの大統領への公開質問状「私は糾弾する！」が『オーロール』紙上に発表されるや、一ユダヤ人将校のスパイ事件は一躍国論を二分する冤罪事件に発展した。一八九四年秋、参謀本部将校ドレフュス大尉はドイツのスパイ容疑で告発され、南米ギアナの悪魔島に終身流刑の判決を受けていた。明らかに、彼がドイツに併合されたアルザス出身のユダヤ人であったことが災いしていた。当時は、アルザスや東欧からのユダヤ系移民が急増したことも手伝って、反ユダヤ主義的世論が醸成されていたからだ。対独報復ジャーナリズムもこれに呼応した。

ゾラは名誉毀損で有罪判決を受けて亡命したが、多くの左翼知識人、学生らが「人権同盟」を結成

ドレフュス事件　上は，ゾラの公開質問状を掲載する『オーロール』紙。下は，レンヌの軍法会議で有罪判決を受けるドレフュス(右手)。

し、ドレフュスの再審を訴えた。急進共和派のクレマンソー、社会主義者ジョレス、作家プルースト、社会学者デュルケームらもドレフュス派に加わった。これにたいして、軍部の体面と国家の名誉を重んじる大統領フォールやメリーヌの政府首脳に、右翼王党派の政治家、バレス率いる「フランス祖国同盟」のナショナリスト、「反ユダヤ同盟」らの人種主義団体などが後押しして再審拒否派を結集した。この一翼にやはりカトリック教会が加わっていた。

事件そのものは、偽証や証拠隠蔽工作が明るみにでて、ドレフュス派の優位のうちに推移したが、あせった右翼ナショナリストのクーデタ未遂や、再審派の新大統領ルーベにたいする殴打事件が起こるなど、いっとき議会共和政が危機に瀕する事態にまで発展した。結局、一八九九年九月レンヌ軍法会議での再審は、懲役一〇年に減刑のうえ有罪判決を再度くだし、ヴァルデック・ルソー内閣が大統領令によって特赦するという政治的決着がはかられた。ペギーら一部の知識人はこの「欺瞞《ぎまん》的解決」に激怒したが、世論は沈静する。ドレフュスに無罪判決がくだされたのはそれから七年後、一九〇六年のことであった。

ドレフュス事件はフランスの政界にドラスティックな再編をうながした。それまで離合集散を繰り返していた共和主義諸派が、右翼ナショナリストに対抗するなかから「議会共和政の防衛」を旗じるしに大同団結し、一九〇一年「急進共和・急進社会党」という中道的国民政党を結成する。四分五裂だった社会主義諸潮流もジョレス派を中心として議会主義に合流し、中道派内閣を補完する役割を担っていく。こうして、議会共和政にたいする反体制勢力としては、労働者の自立を標榜し、反議会主義＝直接行動とゼネストによる社会革命をめざしたサンディカリストと、「アクション・フランセーズ」などの右翼ナショナリストを残すのみとなった。だが、これら左右の過激派は大きな社会的影響力をもつにいたらなかった。共和国防衛の枠組みから取り残された勢力のなかで、いまや最大の社会的影響力をもつものはカトリック教会であった。彼らは今回の事件でもまた王党派と結んで国家転覆をはかったとみなされていた。

政教分離法とバリケード下の教会

したがって、ドレフュス事件以後の急進共和派内閣がもっとも精力的に取り組んだのは、反教権主義政策であった。一八八〇年代の「宗教戦争」の旗手がジュール・フェリーだとすれば、一九〇〇年代のそれはエミール・コンブであった。一九〇二年六月、ヴァルデック・ルソーにかわって組閣したコンブは、「ラリマン」に乗じて復活していた修道会にたいする攻撃をただちに開始した。すでに前年、無認可修道会の解散令を含む結社法が成立していたが、前任者は「寛容な運用」をはかっていた。これにたいしてコンブは、内務相と宗教相をも兼任してこの法律の厳格な適用に踏み切る。この年の六月から七月にかけて、無認可修道会系学校約三〇〇〇を閉鎖に追い込み、十月には約三〇〇の無認可修道会そのものにも解散を命じた。さらに翌一九〇三年には、認可申請してきた修道会のうち、一三五会派(男子五四、女子八一)の申請を却下している。これらの措置によって、一八八〇年代同様、またしても二万人程の修道士・修道女が追われることになった。

修道会を「近代社会の敵」「国家内国家」と決めつけるコンブの「文化闘争」は、フェリーのそれより遥かに戦闘的であった。強制閉鎖にたいする抵抗には軍隊を動員して武力制圧した。じつはコンブ自身かつて神学を専攻し、修道会系コレージュで教えたという経歴の持ち主である。信者に悪魔と罵倒され、教皇庁から断罪されたのは無理からぬところだった。彼はその後も追及の手をゆるめず、一九〇四年の七月には、認可修道会を含めたすべての修道会士を教壇から排除する修道会教育禁止令を成立させている。これにより、私立であっても修道聖職者は教育にかかわることが一切禁じられた。二四〇〇近い教育施設が閉鎖され、いくつかはベルギー、イタリアなどに移転した。約四〇〇〇人があらたに教壇から追われ、多くの修道士が亡命の道を選んだ。もちろんヴァチカンとの国交も断絶した。フェリー法に始まった教育の世俗化は、ここに法律的にはひとまず完結する。もっとも修道会系学校は、私立世俗校の形式で認可を受けながら、実際は聖職者が運営するというかたちで、その後も存続しつづけた。

教会のバリケードに突入する軍隊 1906年，オート・ロワール県，イサンジョー。

これら数次にわたる波状攻撃の仕上げが政教分離法であった。一九〇四年十一月に上程されたこの法案は、翌年一月のコンブ内閣総辞職によってついえるかに思われたが、後任のルーヴィエ内閣の手で一九〇五年十二月かろうじて成立した。この政教分離法によって、国家および地方公共団体の宗教予算は一切廃止され、信仰は私的領域に限定された。聖職者の政治活動は禁止され、宗教的祭儀の公的性格も剝奪された。そして教会財産の管理と組織の運営が信徒会に委ねられることになった。これによって十九世紀の政教関係を規定してきたナポレオンのコンコルダート(一八〇一年)が破棄され、十六世紀以来のガリカニスム(国家教会体制)も最終的に解体されたのである。

しかしこれをカトリック教会がすんなり受け入れたわけではない。一九〇六年一月ローマ教皇ピウス十世はこれを掠奪法と非難し、信徒会の結成をも否認した。いったん受容に傾いていたフランス司教会議も拒否に転換し、またもや宗教戦争が始まる。直接の引き金は、教会財産目録作成のため、官憲が教区教会に立入り調査した際の衝突であった。一九〇六年一月末から二月初旬にかけて、全国各地の教会では、信徒会による教会管理そのものを拒否し、バリケードを築いて官憲の立入りを実力で阻止する行動にでた。まさに「闘う教会」である。一九〇二〜〇三年の抗争では修道会が舞台だったのにたいし、今回は全国の教区教会が主戦場であった。前回を上回る激しさで攻囲戦が展開されたため、政府はまたしても軍を投入せねばならなかった。バリケードはなんとか排除したものの、軍の一部からも反発がでて、政府はこれ以上の強硬策を回避せざるをえなくなった。一九〇七年には早くも信徒会の設置義務を緩和し、かつてコンブがあれほど執念をもやした修道会教育禁止法の厳格な適用も見送られるようになった。いつしか無認可修道会の活動再開が黙認され、第一次世界大戦前夜には

「挙国一致」の名のもとに、彼らの復活が公的に承認されるにいたっている。政教分離法はなかば骨抜きされてしまった。フランスのカトリック教会の潜勢力の根強さというべきか、コンブの反教権闘争もつまるところ、教会の国民生活への影響力を奪いとるまでにはいたらなかったのである。

とはいえ、政教分離法という制度的枠組みがもつ意味は、けっして小さなものではなかった。それはフランス革命期に始まり一世紀以上におよんだ、共和派とカトリックとの文化統合をめぐるヘゲモニー争いに一応の決着をつけるものとなった。というのも、一九〇五年以降、この「ライシテ＝非宗教性」という国家原理は、ナチ占領下のヴィシー政権を唯一の例外として、今日まで一貫してフランス共和国の法的枠組みをかたちつくっているからである。フランス革命以後めざされた「単一にして不可分な共和国」は、一切の中間権力の介在を排し、市民法のもとに個人を公民として直接国家に統合しようという社会システムであった。共和派にとってカトリック教会のヒエラルヒーは、国家内国家以外のなにものでもなかった。個々の信仰を私的な領域に追いやり、公的な場から宗教団体の介在を排除すること、これが彼らのめざした最小限の獲得目標だった。「議会制とライシテの共和国」それはフランス的国民国家のかたちであり、フランス革命からじつに一〇〇年以上の年月をへてようやくたどり着いた国民統合の到達点であった。

第一次世界大戦前夜の外交とナショナリズム

一八九〇年代にはいるまで、フランスはビスマルクの封じ込め作戦によって国際的孤立をよぎなくされていた。チュニジアやインドシナへの植民地拡大路線は、対独報復熱をそらすものとして黙認されたが、ヨーロッパ内では、独墺露三帝同盟、独墺伊三国同盟などの対仏包囲網が厳しく張りめぐらされていた。しかし、一八九〇年三月、ドイツ皇帝ヴィルヘルム二世との確執でビスマルクが退くと、状況は流動化し始める。フランスはまずロシアに接近し、一八九一年にはたがいに艦隊を派遣しあって公然と友好関係を確認した。そして一八九四年にはついに、独墺伊三国同盟に対抗する露仏同盟の締結にこぎつける。ビスマルクが残した包囲網に風穴をあけた、この記念すべき年は植民地省が設置された年でもあった。アジアやアフリカでの植民地獲得をめぐって、イギリス、ドイツなどと改めて鎬《しのぎ》を削る、世界分割＝侵略戦の本格的な展開である。

フランスのアフリカ政策は、北のアルジェリア周辺をおさえたうえで、西海岸のダカールから東のジブチへと大陸を横断する戦略をとっていた。これは、エジプトから南アフリカへの縦断政策をとるイギリスとの衝突を不可避的なものとした。一八九八年九月、スーダンで両国の軍隊が対峙したファショダ事件がそれである。一触即発の事態を前にして新外相デルカッセはイギリスに譲歩、これを逆に対英関係改善の梃子《てこ》にしようとした。武力衝突を回避した彼は、「栄光ある孤立」政策をとってきたイギリスとの同盟関係の構築を求め、一九〇四年四月には英仏協商の締結にこぎつける。エジプトにたいするイギリスの支配権を容認するかわりに、モロッコにおけるフランスの優先権の承認をとりつけた。また、イタリアとのあいだでも秘密協定を結び、リビアへの進出を認めるかわりにモロッコ政策への承認を確約させた。三国同盟にも楔《くさび》を打ち込んだのである。

ドイツへの逆包囲網をめざすデルカッセ外交が着々と進展するなかで、タンジール事件が勃発した。一九〇五年三月三十一日、ヴィルヘルム二世は反仏抵抗をおこなっていたモロッコの首長を支持してタンジール港へ上陸し、モロッコ問題を討議する国際会議の開催を要求した。対独強硬派のデルカッセは辞任し、翌年スペインのアルヘシラスで国際会議が開かれたが、英・露・伊などの支持をとりつけていたフランスの優先権が承認され、ドイツの目論見《もくろみ》は失敗に終わった。のみならず、この会議はデルカッセが画策してきた英露接近をうながし、翌一九〇七年の英露協商、ひいては英仏露三国協商の成立をもたらす結果になった。

ジョレス暗殺を報じる『ユマニテ』紙

こうしてフランスによるモロッコ保護国化への道はさらに推し進められ、一九一一年には民族蜂起の鎮圧と自国民保護を口実に首都フェズを軍事占領する。これをみたドイツは協定違反と抗議し、七月一日アガディールに砲艦を派遣した（アガディール事件）。だが、これも「強者の分け前」要求にすぎなかった。ドイツはモロッコでの権益を放棄するかわりにコンゴの割譲を求めるという「現実的」戦術にでた。十一月四日、首相カイヨーはナショナリストを中心とする強固な反対論をおさえ、フランス領コンゴの北部地域をドイツにゆずる協定を結んで開戦の危機を回避した。あくる一九一二年三月、フェズ条約でモロッコの保護国化は完了する。

このようにモロッコ問題をめぐる緊張関係にはひとまず終止符が打たれたが、フランス国内の反独感情はいちだんと高まり、排外的なナショナリズムが急進化した。おりからの反教権政策に反発するカトリック教会や右翼王党派もこれを後押しした。モーラスの王党派的ナショナリズムを標榜するアクション・フランセーズなどは、ときに激しい街頭闘争も展開している。しかし、より深刻なのは、共和派のあいだでも植民地拡大のための侵略に異を唱える者がほとんどおらず、植民地主義と対独報復ナショナリズムとの結合を結果的に容認したことであろう。わずかにジョレスをはじめとする社会主義者の一部と労働総同盟のサンディカリスト革命派が反戦・反軍国主義を唱えたにとどまった。後者の反戦ゼネストは急進共和派のクレマンソーや元社会主義者ブリアンによって徹底的に鎮圧されたし、ジョレスは開戦前夜の一九一四年七月三十一日に暗殺されている。ドイツの宣戦布告を受けた翌日の八月四日、ジョレスの葬送が「祖国防衛」戦争への決起集会のような趣きを呈したのは、歴史の皮肉ではあるがけっして不自然ではない。フランス革命と共和主義の延長上にフランス的な社会主義を夢見たジョレス、彼もまた正真正銘のパトリオットだったからである。

第七章　現代のフランス

1　第一次世界大戦の衝撃

大戦勃発と神聖連合の誕生

第一次世界大戦は、セルビア民族主義者によって発射された二発の銃弾から始まった。弾丸に射ぬかれたのはオーストリア王位継承者夫妻。いわゆる、一九一四年六月二十八日に起きたサライェヴォ事件である。多民族国家オーストリアの内紛が、セルビアを支持するロシアとオーストリアを支持するドイツとの対立へと拡大し、フランスは露仏同盟に基づいてドイツと干戈《かんか》を交えるにいたった。したがって、ロシア革命後のロシアの戦線離脱は、フランス人の一部に「恩知らずなロシア人」への即自的な反発を生み、彼らの反共意識を高めることになる。

さて、開戦前夜のフランス人の関心は、七月二十日から開かれた財務相夫人による『フィガロ』編集者射殺事件の裁判や所得税の導入に集中していた。外務省高官すら戦争の切迫を感じていない。それは、七月十六日にロシア訪問の旅にでていた大統領と首相が、公式日程を終えた二十三日から六日間かけて海路で帰国(二十九日)するという悠長さにもあらわれている。オーストリアからセルビアへの最後通牒は、フランス首脳が帰路についた二十三日午後に発せられ、オーストリアの宣戦布告は二十八日になされていた。「おおいなる危機はゆっくりと進行する」(マルク・ブロック)ようだ。

八月一日にフランスで総動員令が発せられたとき、軍当局は左翼の国際主義と平和主義の動きを懸念した。七月三十一日には、フランス社会党の創父で平和を説きつづけたジョレスが右翼によって暗殺されていた。内務省は「手帳B」というブラックリストを準備して、左翼政党や労働組合の反戦行動を封じ込めようとした。しかし社会党にも労働総同盟(CGT)にも、そのような動きはなかった。それのみか、彼らは戦争と国防を受け入れた。八月四日の下院では戦争反対の声はあげられず、戒厳令や検閲の実施および国防予算のための公債発行の権利が政府に与えられた。

フランスはいわば一丸となって参戦した。社会党からナショナリストの新聞にいたるまで、ドイツ兵の残忍さや装備の悪さと、それと対照的なフランス軍の士気の高さと武器の性能のよさを書きたてた。それに、八月五日に可決された出征家庭にたいする家族手当の支給も、国民の戦争協力や士気の向上に役立った。出征家庭には、一日一・二五フランと十六歳以下の児童一人につき〇・五フランが加算されて支給されることになった。三人の子持ち家庭で一日二・七五フランが支給されることになり、この額は当時の労働者の平均日当四〜七フランと比べても悪くはない額であった。

しかし、フランス人は対独復讐熱にかられて熱狂的に参戦したわけではない。情報不足のなかで茫然自失のうちに総動員令を聞いたフランス人が多かったが、それでも彼らは義務感に基づいて秩序正しい軍隊編入でもってこたえた。フランス人は、自分たちは侵略の犠牲者であり、権威主義国家にたいして民主的共和国を防衛すべきだという確信をもった。彼らは、一九一四年十二月にヴィヴィアニ首相が定式化した戦争目的(普仏戦争で失ったアルザスとロレーヌの回復やプロイセン軍国主義の解体など)を共有した。それでも、一四年夏の開戦の熱気は秋風とともに静まり、戦争への慣れや無関心が生まれつつあった。なぜならもっとも活動的な市民は前線におり、銃後には検閲下の新聞によって情報操作されやすい老人や選挙権のない婦女子がいたからである。

一九一四年春の総選挙で勝利したのは、平和主義の立場から兵役三年法に反対していた社会党と急進社会党であった。この選挙で社会党は三〇議席ふやして一〇二議席を獲得し、中産階級を代表する急進社会党は五〜六議席減らしたものの、それでも第一党で一三六議席を数えた。しかし皮肉にも、この議会のもとで戦時体制が可決されたのである。八月一日にヴィヴィアニ首相が挙国一致を呼びかけていたが、八月二十六日に、ポワンカレ大統領のもとにドイツにたいする挙国一致の神聖連合《ユニオン・サクレ》が誕生した。ロレーヌ出身の大統領は対独強硬派であった。神聖連合には、二人の社会主義者(公共事業相サンバ、無任所相ゲード)も入閣していた。かつて社会主義者のミルランが入閣して、ブルジョワ内閣への参加が党内に激論を惹起《じゃっき》したことを思い起こすと隔世の感があった。ともあれ、神聖連合は、満場一致の国防支持と戦争中の政争の停止を意味していた。

統制経済の導入と国民生活

フランスは、短期戦を予想していたために長期的な経済動員の準備をおこたっていた。戦争が長期戦の様相を呈してくるにつれて、総動員されて人手不足となった工場に労働者を帰して生産をあげることが求められた。なぜなら、徹底した総動員によって労働者が前線に送られたので生産は停滞し、貿易量も海上の安全が脅かされたために低下したからである。また、多数の兵士の鉄道輸送によって消費物資の輸送がとどこおるという事態も生じていた。これらの問題に対処しつつ、軍需生産をあげる必要に政府は迫られた。

当時の人々は「総力戦」というまったく新しい経験に突入した。財の生産・流通・配分はもとより、労働力の配分にいたるまで国家の網がかけられた。一九一四年九月にボルドーで、政府は金属・機械・化学部門の代表者と会談して産業動員計画を打ち出した。生産をあげるためには社会党の協力を必要とした。そこで政府は、一五年五月に社会党のトマを陸軍省の軍備担当次官に任命する。トマは一四年の秋から労働組合や社会党に影響力を行使し、財界の指導者との良好な関係を築き上げていた。彼は労働力不足に対処するため、鉄道員や炭鉱労働者などの兵役を免除して職場に帰すことにした。

こうして、一五年末までに五〇万人の熟練労働者が職場に戻った。また商務相クレマンテルと協力して、軍需品の増産体制を築き上げた。かくして一四年十月には経済は回復基調に転じ、一五年秋には目標とした日産一〇万発の砲弾製造能力をもつにいたる。

フランスの石炭や鋼鉄生産の四分の三を誇った最大の工業地帯がドイツに占領されたため、フランスは、サン・テチエンヌ、ブールジュ、ボルドーなどの地方に工場を分散したり、新産業を発展させたりした。この動きは、鉄鋼や機械や化学などの軍需産業部門で顕著であった。それと同時に、近代的な生産管理システムであるテイラー・システムの導入がはかられた。一九一八年には、国家の経済への介入はさらに進み、小麦や鋼鉄や石油などのそれぞれの関連企業を集めて、それらの基本物資の輸入や売却や価格設定などを国家統制のもとにおこなう企業連合体《コンソルショム》が完成をみた。

膨大な戦費を調達するために、一九一四年九月の協定で六〇億フランの国債が発行され、五%の利子つき戦時公債が発行された。しかし一五年の財政赤字は一八〇億フランにのぼっていた。同年十月にアメリカで集められた五億ドルの公債のうち、一億九三〇〇万ドルがフランスに割りあてられた。一四年八月から一九年十月までの支出一兆五七〇〇億フランのうち、四五〇〇億フランは税収であり、六〇〇〇億フランは戦時公債であり、残りがほかの公債であった。このような国家財政に占める借款の増大は物価を押し上げ、一五年一月から翌年の一月までの卸売物価指数は、一四年第四・四半期を一〇〇とすると、一一〇から一六三に上昇し、同時期の有価証券も一〇七から一四七に上がった。しかし、人々は生活費の上昇にみあう収入をえることができなかった。税収をふやすために急進社会党議員カイヨーの努力によって、一四年七月にフランスにはじめて所得税制度が導入された。所得税制は、左翼が反対していた兵役三年法との取引という面もあり、その本格的実施は終戦まで見送られることになる。

総力戦の影響は、国民生活の諸側面にもあらわれた。軍需生産をあげるために、勤務時間を延ばす目的でサマータイム制が導入された。労働力不足を補うために、それまで男の職場とされてきた職域への女性の進出がみられ、電車の運転士や砲弾づくりにも女性が登場した。農村でも、耕作から播種、収穫といった力仕事を女性がこなすようになった。農村は労働力の減少に苦しんだが、残された老人や女性や子供による献身的な協同作業によって一九一四年の収穫は事なきをえ、銃後でも一体感がはぐくまれていた。さらに、外国人労働者や占領地からの避難民や捕虜、休暇で帰郷中の兵士たちが貴重な労働力を提供した。労働力不足は農業の機械化に弾みをつけるが、それでも休耕地が広がり耕作面積は減少した。

このような困難にもかかわらず、一般的には事態は農民に味方し農村は豊かであった。というのも、食料品価格の上昇は労賃や材料費を上回り、しかも軍や都市が食糧を必要としたので需要は保証されていたからである。労働力不足は雇用面で売り手市場を現出させており、農村の日雇い労働者も都市の軍需産業で高い賃金収入をえた。もちろん片田舎にある戦争記念碑が示すように、戦争は多大な死者を農村にもたらした。死者の多さは厭戦《えんせん》ムードを高めつつあったが、農村は一九一六年までは静穏で秩序が保たれていた。

都市では戦争の影響は農村より直接的であった。ただ都市といっても、一九二一年ですら一〇万人をこえる都市は全国に一六しかないことを銘記しておこう。都市労働者の賃上げはあったが、物価高によって相殺されてしまった。紙や衣服やガソリンも市場から消えさることがあった。とくに冬場の石炭の欠乏は市民にはこたえた。一八年にはパンや砂糖は配給制となる。それでも都市の労働者の状況は、家賃の支払猶予制度などによって一六年末まで争議もほとんどない状態であった。他方、都市中産階級の状況は悲惨であった。不労所得者や自由業者や公務員が打撃をこうむった。それに中産階級の人々は、労働者のように前線から呼び戻されず、下級将校が多い中産階級はそれだけ死傷者となる確率も高かった。たしかに戦争成金となった商人や製造業者もいたが、戦場となった町や村は砲撃で破壊された。ドイツに占領された諸県のフランス人は、夜間外出禁止や徴発や強制労働にたえねばならず、このときのつらい体験の集合的記憶が一九四〇年の大脱出を招くのである。

厭戦気分とクレマンソーによる体勢建直し

戦争の長期化がもたらした生活苦を前にして、社会党やCGT内部に神聖連合への参加や階級協調路線に批判的な勢力が形成され始めた。一九一六年四月の社会党大会では、平和の擁護と神聖連合反対を訴える動議が九〇〇〇票をえて、多数派の一八〇〇〇票の半数にまでおよんだ。この動きに、第二インターナショナル崩壊後に開かれたツィンメルヴァルトやキーンタール会議などの国際的左翼運動の影響をうかがうことができる。一六年四月のキーンタール会議では国防予算への反対が可決されていた。さらに、一七年五月にストックホルムで開かれる社会主義インターナショナル主催の無併合の講和を考える会議に参加するために、社会党員がパスポートを請求したとき、政府はそれを拒んだ。アルザスとロレーヌの奪還を悲願とするフランス政府は、そのような会議を受け入れるわけにはいかなかった。神聖連合からの社会主義者の離反が鮮明となる。

一九一七年にはいると、前線でも銃後でも士気の低下がみられた。生活苦への不満や厭戦気分の高まりは検閲されていた手紙に明らかだ。春には、生活費の高騰や食料品と石炭の払底に不満の声があげられた。物価高に抗議して賃上げを求めるストライキが、パリの衣料業界から軍需産業へと広がる。トゥールーズその他の地方においても、同様のストライキが五月から七月にかけて散発的に生じた。三月から五月にかけて石炭価格が二倍、生鮮野菜が二・五倍の値にはねあがっていた。一六年と比べても、ストライキの件数は二倍強の約七〇〇件、ストライキ参加者は七倍強の約二九万人へとふえた。戦争遂行のため、政府も軍需産業のストライキにはある程度譲歩せざるをえない。

前線での士気低下は不服従となってあらわれた。総司令官ニヴェル将軍が指揮して一二万人の死傷者をだした四月の成果のない攻撃にたいして、五月に兵士による攻撃命令の拒否が起き、六月にはソワソンに駐留する二連隊がパリに進軍して議会に停戦を強いようとした。こうして五月から六月にかけて、三万〜四万の兵士が不服従の行動にでた。「反乱」兵のうち五五四人に死刑判決がくだされ、四九人が処刑された(一九九八年にジョスパン首相が兵士の名誉回復を提起したが、シラク大統領に反対された)。この「反乱」収拾には、ニヴェルの後任となったペタンの諸方策が功を奏した。それらの方策とは、無益な攻撃の停止、前線での兵卒と将校との話合い、宿営の改善や休暇列車のスピードアップなどである。これがペタン将軍の株をあげることになる。かくして夏以降、国民の士気は一時的に持ち直したが、サン・テチエンヌでは賃上げや復職をめぐって秋以降もストライキが続発した。しかし、ストライキによる軍需生産の停滞は、戦場での同胞の死に直結するという国民感情のほうが、反戦感情よりも強かった。

一九一七年の厭戦気分の高まりや軍の士気の衰えは、政治危機につながった。クレマンソーが、「敗北主義者」や「裏切り者」にたいするリボー首相やマルヴィ内相の弱腰を上院で攻撃して、彼らを辞任に追い込んだ。一七年九月に成立したパンルヴェ内閣には、社会党員の姿はなくトマも閣外にでた。大統領ポワンカレは内閣の不安定に直面して、十一月に個人的にはそりがあわないクレマンソーを首相に指名せざるをえなかった。

クレマンソーは、十一月二十日の就任演説のなかで「ただ戦争があるだけであり、……正義がなされ、祖国は防衛される」と呼びかけ、四八三人中の四一八人の議員から圧倒的信任をえた。彼は翌年の三月にも、政府の内外の政策はただひとつ「戦争をする」ことだと述べた。こうして、クレマンソーは「対独復讐」のシンボルと化す。彼は陸相を兼任し、閣僚には友人か二流の人物を配して戦争遂行に強力な体制で臨んだ。また首相は、塹壕《ざんごう》を訪問して兵士を激励して人気をえた。かつてのドレフュス派で「猛虎」のあだ名をもつクレマンソーのもとで、フランスは体勢の建直しができた。それまでぎくしゃくしていた「議会・政府・軍」の関係は、クレマンソーによって文民統制の方向で再構築されたのである。

クレマンソー

戦争も新局面に突入していた。ドイツが一九一七年二月から始めた無差別潜水艦攻撃は、四月にアメリカの参戦を招いた。ロシアが革命によって戦争から脱落するが、経済大国アメリカの参戦は協商国と同盟国の均衡を大きく前者に傾けさせるものであった。公債や借款のかたちでアメリカの資金がフランスに流れ、フランスはそれを元手にアメリカの工業製品や農産物を購入した。かくして、フランス戦線でもアメリカの物量の影響は目にみえて大きくなる。一八年三月からドイツのルーデンドルフ将軍が、アメリカ軍の到着前の決戦を挑んで攻勢をかけるが、両軍とも決定打を欠き、そうこうするうちにドイツ国内で革命が起きて、同年十一月十一日に休戦条約がコンピエーニュの森で調印された。

戦時には必要とされたクレマンソーの強権的手法は、平時には拒まれた。カトリックからは彼の反教権主義がきらわれ、社会主義者からは戦争を挑発するような彼の強硬姿勢が忌避された。クレマンソーが大統領職に野心をいだき、所得税の大幅アップを含む財政緊縮や労働者代表との工場協議機関の設置などを主張したため、彼は保守派によって排除され、一九二〇年一月にミルランが組閣することになる。

第一次世界大戦の意味

第一次世界大戦は、十九世紀と二十世紀の分水嶺をなす事件であった。それは、一八一四年のウィーン会議から続いた勢力均衡による十九世紀的国際秩序を崩壊させた。大戦を通じてドイツ、オーストリア、ロシアの王朝が倒れ、二十世紀の国際秩序を特色づける冷戦の一方の主役ソ連が誕生したのも大戦の硝煙のなかからであった。総力戦体制は、内政面でも政治的集権化や総動員体制の構築や統制経済的な戦時経済をもたらした。以上の一般的特徴を確認したうえで、フランスにとっての大戦の意味をまとめておこう。

まず、英独仏三国のなかでフランスのみが戦場となり占領されたことを銘記しよう。とくに死者の多さが目を引いた。それは、史上はじめて大量殺戮兵器が使われたことによる。塹壕戦が、戦車、飛行機、毒ガス、火炎放射器といった新しい武器の開発をうながし、新兵器が死者を激増させたのである。フランスは終戦までに八〇〇万人の男子を動員していた。死者は一四〇万人を数えたが、このなかには約七万五〇〇〇人の植民地兵も含まれていた。ベトナムやセネガルなどの植民地から約六〇万人の兵士がフランスへ送り込まれていたが、植民地人の戦争協力はフランス国民の「帝国意識」に反省をうながすことはなかった。フランス人にとって世界とはヨーロッパと地中海のことであり、植民地への関心は二の次であった。

フランスの死者は動員された兵士の六分の一にあたり、死者の四一%は農民である。犠牲者はフランス東部や南部よりも中部や西部に多かった。都市よりも農村が、また中産階級も大きな犠牲をはらった。負傷者が三一五万人、七〇万人の寡婦と七六万人の孤児がつくりだされた。一九二一年の人口(一四年と同じ領域)は、一四年よりも五・六%下回った。とくに、二十歳から四十歳の男子人口の減少が顕著であった。男子人口の損失の一部は移民によって補われたが、二一年には女は男よりも一〇〇万人以上多かった。また戦争による出生率の減少もゆゆしき影を投げかけていた。その損失は一四〇万人と見積もられた。このように、フランスは一一年時点でドイツより約二五〇〇万人少ないうえに、一六年から二〇年の出生率でもドイツより一〇〇〇人当りで四人少なかったことは、労働力や兵

ヴェルダンの戦いの追悼碑　第一次世界大戦の激戦地ヴェルダンのドゥオーモンに建てられた納骨堂。

力をめぐって人口学的な危機意識を高めることになる。

戦場となったフランス北部と北東部が、ドイツ占領下におかれたことによって、フランスの農工業生産にも大きな影響がでた。これらの地域はフランス有数の穀倉地帯や工業地帯であった。これら荒廃地域の小麦生産は、一九一九年には一三年の三四％に落ち込み、同時期の砂糖大根の生産高は一七％に激減した。これらの地域の石炭生産は同時期にはわずか四％しかなく、同様に銑鉄・鋼鉄生産高も五％に大きく落ち込んだ。フランス全体でも小麦は五八％の生産高しかなく、工業生産指数も五七と約半減した。このように大戦によってフランスがこうむった損失の見積り総額は、五五〇億フランと計算され、この額は一三年の国民総所得の一五カ月分に相当したのである。

以上の人的・物的損失に加えて心の破壊も大きかった。大戦のトラウマ(心的外傷)は、戦間期の歴史に影響をおよぼす。大戦は仏独両軍が塹壕を掘り合い、泥まみれになって四年間にらみあう戦争であった。多くのヨーロッパ人は、戦争は一九一四年のクリスマスまでには終わると楽観していた。その予想がはずれたのは、新式の機関銃の出現によって塹壕戦という新しい戦争形態をよぎなくされたからである。機関銃から身を守るために、塹壕にたてこもって敵の消耗を待つという戦術がとられ、数キロの塹壕を挟んで仏独両軍が対峙《たいじ》するという戦線の膠着《こうちゃく》状態が生まれた。

塹壕戦は、一九一四年九月にドイツ軍がマルヌの戦いに敗れてから始まった。塹壕生活の悲惨な状況は、バルビュスの『砲火』(一九一六年)やレマルクの『西部戦線異状なし』(二九年)に描かれている。塹壕戦は、敵との戦いだけではなく雨や寒気との戦いでもあった。冬期には氷点下二〇度のなかでの生活を強いられ、雨が降れば泥沼と化す塹壕のなかで泥水に何日も足をつけているために、兵士は水虫や凍傷などの「塹壕足」と呼ばれる病気にかかった。また、鳴りつづける砲弾の炸裂音への恐怖からシェルショックと呼ばれる神経症患者が生まれた。それに、塹壕生活は泥と鼠《ねずみ》と害虫との同居生活でもあり、不愉快きわまるものであった。塹壕の同志愛は、このような生活のなかからはぐくまれたのである。

とくに一九一六年の「ヴェルダンの戦い」は、仏独両軍あわせて四二万人の死者と八〇万人の負傷者をだすという大量殺戮の典型であった。ドイツ軍の猛攻にたえた流血のヴェルダンは、フランス国民にとって愛国心と平和の象徴と化すと同時にその戦闘を指揮したペタンの威信を高め、のちのペタン崇拝の礎となる。おびただしい戦争の犠牲者にたいする人々の服喪の気持ちは、二〇年十一月に凱旋門に埋葬された「無名戦士の墓」となってかたちを与えられるだろう。

2 常態への復帰と相対的安定期

国民ブロックの成立と左翼の動向

大戦に勝利したフランスは、安全保障と経済再建という課題をかかえて「常態への復帰」をはたそうとした。二つの課題はドイツ問題へと収斂《しゅうれん》する。ドイツ問題とは、ドイツにたいする安全の確保とドイツからの賠償金取立てによる経済再建のことである。「ドイツに支払わせる」というのが、フランスのコンセンサスであった。ソヴィエト政権が帝政ロシアの債務を否認したことによって、多額の投資をロシアにおこなってきたフランスは打撃を受けた。たとえば一九一四年のフランスの対露投資額は、フランスの資本輸出総額の四分の一以上を占めていた(帝政ロシアの債務問題が「決着」をみたのは九六年のことである)。また戦争中の対米債務を返済するためにも、ドイツからの賠償金の取立ては急務であった。ドイツの賠償金総額は一三二〇億金マルクと決定され、そのうちの五二%をフランスはえることになった。

先の二つの課題は、一九一九年十一月の選挙で生まれた多数派によって取り組まれた。フランの下落と物価高というなかでおこなわれた総選挙で、保守派と中道派は、ミルラン、ポワンカレ、ブリアンなどの領袖のもとに団結して国民ブロックを結成し、四一七議席という絶対多数を獲得した。保守派の勝因として、クレマンソーの人気や大戦直後の対独復讐感情と、対露債権を失った一般投資家の反ソ意識やボリシェヴィキにたいする恐怖感などの社会心理、および小選挙区二回投票制にかわる変則的比例代表制の新選挙制度を指摘することができる。変則的というのは、政党は県ごとに候補者リストを提出して戦うが、ひとつのリストが過半数の票を獲得するとその政党が全議席を占めるからであった。反社会主義を訴えて連合をくんだ保守に、この選挙制度が味方した。社会党は一四年の選挙より三〇万票多い一七〇万票を獲得したにもかかわらず、一〇二から六八へと議席を減らした。しかし同時期におこなわれた市町村と県と上院の各議員選挙の結果は、急進社会党と社会党の善戦を示しており、有権者は極左派を拒否したが、同時に反動的な社会的・宗教的政策も望んではいないことを示した。

一九二〇年一月に成立したミルラン内閣は、〇四年以来関係をたっていたヴァチカンとの外交関係を再建し、右翼的路線を鮮明にした。翌年にミルランが大統領に選出され、その後レイグ、ブリアンと内閣が続くが、失業や財政問題を解決できず、二二年一月にポワンカレがふたたび首相兼外相として登場した。国民ブロック諸政府は、教権と反教権の争いを再燃させ、歴代首相が外相を兼任したために、内政問題が手薄になりがちであり、経済を再建しフランを安定させることにも失敗した。

この時期、国内には保守層の不安をあおる労働争議が起き、ベルリンやミュンヘンやハンガリーでは武装蜂起があり、世界革命の波が打ちよせているかのようであった。このような風潮のなかで休戦以来、社会党は党員数を大幅に伸ばした。一九一八年十二月に三万六〇〇〇人であったのが、一年後には一三万三〇〇〇人になったと党文書は伝えている。労働総同盟(CGT)の組合員も、一一年の六八万人から二〇年の一〇五万人へとふえた。このような勢力増大が、党員や組合員の闘争精神を高めたことは疑いない。左翼にとって戦後の物価高が味方した。一九年の労働者の実質賃金は、一四年より一五%下回っていた。一九年三月に労働協約、四月に一日八時間労働が実現するが、これは労働側への政府の譲歩といってよかった。

一九一九年五月には、賃上げなどの経済的要求やロシアへの干渉戦争反対などの政治的要求を掲げた炭鉱労働者や金属工のストライキが起きた。それは、街頭での暴力的衝突を引き起こし、死者をだすにいたる。ストライキは地方にも波及したが成果もなく失敗に終わった。さらに、二〇年二月から鉄道員のストライキに端を発した波状ストライキが展開された。しかし五月一日に予定されたゼネストは失敗し、ストライキ参加者の一二%にあたる一万八〇〇〇人の鉄道員が解雇された。労働運動が挫折した理由として、CGTの組織力の弱さやゼネスト至上主義、CGTのゼネストの期間をめぐる内部対立などが指摘できるだろう。要するに、十九世紀以来の革命的サンディカリスムの労働運動が終焉をむかえたのである。

このように左翼運動は大きな転換期にあった。ロシア革命の影響を受けて、社会党内の左右の対立が激化する。一九一九年に結成されたコミンテルン（第三インターナショナル）は、各国の社会主義勢力に共産党の結成を呼びかけ、コミンテルン加盟の二一カ条を突きつけていた。ボリシェヴィキの組織原理に則《のっと》って、鉄の規律をもった革命家集団からなる前衛党の建設が要請された。二〇年十二月のトゥール大会で社会党は分裂し、社会党のコミンテルン加盟が多数の賛成をえて承認され、ここに一四万人の党員を擁する共産党が誕生した。四万人の少数派に転じた社会党は、レオン・ブルムを指導者として再出発する。しかし多数派として出発した共産党も、ロシア革命の実態が伝えられ、党組織のボリシェヴィキ化が求められるにつれて、心情的同調者は脱落し除名や脱党によって党員数も激減した。二四年の選挙に明らかなように、社共両党の勢力関係は逆転するにいたる。さらに、コミンテルンの「社会ファシズム論」（二八年）によって共産党が社会党批判を強めて孤立を深めたために、二〇年代末には閉鎖的な小集団へと追いやられていった。共産党が党勢を回復するのは、三四年以後である。

労働運動にも政党と同様の問題が起きていた。一九二一年にはＣＧＴも分裂し、少数派の共産党系の統一労働総同盟（ＣＧＴＵ）が二二年に誕生した。ＣＧＴの組合員数は二二年には四〇万人まで減少

エリオ

し、三〇年代まで勢力は回復しない。CGTUも除名や分派闘争により体力を弱めた。また一九年には、社会カトリシズムの立場に立つフランス・キリスト教労働者同盟も結成された。

左翼連合から国民連合へ

ドイツの賠償金支払いの不履行に端を発した一九二三年のルール占領も失敗に帰し、インフレと財政悪化を招いた。ポワンカレ首相はデフレ政策に転じ、増税と公務員の定員削減が予定された。これが社会党と急進社会党に結集軸を提供し、両党のあいだで左翼連合が生まれる。政教分離や国際連盟の支持、社会立法とより公正な財政政策というおおまかな選挙協定で二四年春の総選挙を戦い、左翼連合は過半数の三二八議席を獲得した。右翼勢力は二二六議席と半減した。第一党となったのは一四二議席を獲得した急進社会党であり、社会党も一・五倍の一〇二議席をえた。急進社会党総裁のエリオが首相となり、社会党はブルジョワ内閣への不参加という方針から閣外協力の立場を堅持した。

エリオ首相は反教権政策を推し進める。彼は、国民ブロックが設けたヴァチカン駐在大使の職を廃止し、ナポレオン以来の政教協約が息づいていたアルザスにも政教分離を導入した。この政策はアルザスの分離主義運動に油を注ぐ結果となるが、ローマ教皇庁もキリスト教的民主主義を支持し、教会と共和国の和解が進んだ(カトリックの第二次共和政支持運動)。またエリオは、ジョレスの遺骸をパンテオンに移葬して社会党に花をもたせた。外交面では彼は、ルールから撤兵し、ソ連との国交樹立に踏み切り緊張緩和を現出するのに一役かった。

緊張緩和の時代はフランス資本主義の発展期と重なる。電気、自動車、鉄鋼などの重化学部門の産業が拡大した。天然資源の豊富なアルザスとロレーヌ地方がフランスに返還されたこともあり、鉄鋼生産が一九二〇年代末までに世界第三位の生産をあげるにいたった。ルノーやプジョーやシトロエンといった自動車産業、発電所建設をともなった電力産業も急成長をとげた部門である。自動車産業の発達は、ゴムや精油産業の発展をもうながした。そのほか、キュールマンやペシネーといった化学工業も躍進した。こうして二〇年代は経済成長が続き、パリを中心に都市化の洗礼を受けるが、通貨不安になやまされた一〇年でもあった。

歴代のフランス政府はフランの下落になやまされ、金融不安は経済再建をも危うくしかねなかった。基軸通貨の崩壊は膨大な戦費の論理的帰結であった。経済の発展にもかかわらず、エリオ内閣も経済金融政策において失敗した。エリオは、財務相に第一次世界大戦の産業動員で活躍したクレマンテルを任命して財政の舵取りをさせた。クレマンテルは経済再建と取り組むために、一九一九年に業界団体を統一させて強力な経営者組織に発展すべく「フランス生産総連盟」の結成に尽力していた。しかし、財務相は社会党が主張する資本課税に反対して辞任する。エリオは財政危機をきりぬけるために短期公債を増発したが、それがインフレと資本流出を加速させた。「金力の壁」(金融資本)に突きあったエリオ内閣は、二五年四月に上院の反対によって退陣をよぎなくされる。その後も、フランス銀行が発券額の上限をこえた国家への貸付を拒んだために、左翼連合内閣はインフレやフラン価値の下落について大胆な政策を打ち出せず、二六年七月、ポワンカレに首相の座をゆずらざるをえなかった。一四年の物価を一〇〇とすると、物価指数は二四年四月には四三二、二六年七月には八〇四に達していた。

ポワンカレは、社会党と共産党以外の政党からなる国民連合《ユニオン・ナショナル》政府を結成して難局にあたろうとした。六人の首相経験者を集めた「大物内閣」には、エリオも公教育相として入閣した。ポワンカレは、内閣の使命を財政の建直しにおき、国民連合が「貨幣価値、財政の自由、財政均衡などを同時に脅かす危険に備えるために、国民和解の精神のなかで組閣された」ことを述べた。彼は自ら財務相を兼任し、財界の支援と議会から財政全権をえて、増税と、短期公債の長期公債への転化や国防証券運営基金という減債基金の設置による短期公債の吸収などの政策を打ち出した。これによってフランは信用を回復し、フランスから逃避した資本が戻ってきただけでなく外資も流入した。ポワンカレの首相就任直前には、一ポンド＝二四三フランのレートが十二月には一二二フランとフラン高になった。

　このような政治経済環境と後述するブリアン平和外交が追い風となり、一九二八年春の総選挙で保守勢力は三三〇議席を獲得して勝利をおさめた。このときの選挙は比例代表制ではなくて、以前の小選挙区二回投票制で戦われた。ポワンカレは、二八年六月にフラン価値を戦前比の五分の一に切り下げて通貨の安定を勝ちとった。その裏には一般投資家の犠牲があった。平価切下げの恩恵をこうむったのは輸出産業であった。かくして二〇年代末のフランスの繁栄が約束され、フランスはアメリカにつぐ金保有国となった。しかし、その繁栄は金利生活者や中小ブルジョワジーの犠牲のうえに成り立っていた。これらの社会層は急進社会党の支持基盤と重なり、党内に国民連合への不満が高まることになる。

工業化の影響と人口の停滞

　資本の集中が進み、寡占や独占が始まった。重工業部門の発展によって、フランスは一九二九年に第二次世界大戦前で最高の工業水準に達した。工業の高度化は産業労働者の増大をもたらす。しかし三一年のデータによると、五〇〇人以上の企業で働く労働者は一四四万人で一八％を占めるだけであり、一〇人以下の零細企業に働く労働者がなお四割を占めた。経営の合理化や大量生産といったテイラー・システムとフォード・システムの導入は、チャップリンの『モダン・タイムス』(三六年)に描

ジョゼフィン・ベーカー　彼女の官能的なダンスはパリジャンを魅了した。

かれたような流れ作業による単純労働をもたらした。人間は機械の部品と化し、労働疎外が生み出される。

　このように疎外された労働になやむ労働者がいる一方で、工場から生み出された製品を享受する人々もいた。パリのブルジョワ青年は、自動車やジャズ音楽、チャールストンのダンス、カクテルバーに熱中し、パリのアメリカ化と呼ばれる風俗が生まれた。アメリカの黒人女性ダンサー、ジョゼフィン・ベーカーのエネルギッシュでエロチックなダンスはパリジャンを魅了した。一九二六年に雑誌『イリュストラシオン』は新風俗を「ドルのパリ」となげき、保守派のダンディーは「アメリカの癌《がん》」とすら呼んだ。さらに、二七年に大西洋を横断したリンドバーグの飛行機がパリに到着したことは、フランス人に「アメリカ文明」を印象づけたのである。

　一九二〇年代中期のインフレやフラン危機のなかで、議会外右翼の運動が誕生していた。二四年にテタンジェ議員を指導者とする愛国青年団、二五年にイタリア・ファシズムの影響を受けたヴァロワのフェーソー運動、二七年に結成された退役軍人組織のクロワ・ド・フーなどが代表的な極右組織である。また、ドレフュス事件の渦中から生まれた王党系のアクション・フランセーズは、二六年にヴァチカンからその教義が異端とされた。指導者モーラスの本は禁書となり、アクション・フランセーズは過激化していった。これらの運動の指導者のなかから三〇年代の右翼急進主義者やファシストが育つ。しかし今しばらくは、ポワンカレの登場によって活動の潮が一時的に引いた状態であった。極右集団が活性化するには、世界恐慌という触媒が必要であった。

人口の停滞は、しだいに危機として為政者に意識されるようになる。「人口が減少していく国ではどこでも国家は滅亡に向かっている」(ルソー『エミール』)からである。人口減少は、打ち続く出生率の低下と第一次世界大戦による「失われた世代」を原因としていた。一九一一年から三八年までのフランス人口は、四〇〇〇万人から四二〇〇万人弱にふえたが、増加分は東欧や南欧からの移民によるものであった。三一年の時点で移民労働者数は二七一万五〇〇〇人であり、総人口の六・六%を占めていた。人口に占める二十歳未満の割合は、〇一年の三四・六から二一年の三一・六%へと減少し、逆に二十歳から六十四歳の人口はこの時期に五七・二から五九・三%に増加した。「老人の国」という心理が広がる。それは政治の世界では保守主義や退嬰《たいえい》主義をもたらした。人口減少は、労働力の問題だけでなく国防上もゆゆしき事態を惹起した。ドイツとの国境沿いに四〇〇キロにおよぶ要塞(マジノ線)が建造された理由のひとつは兵員不足にあった。

人口減少を受けて、政府は出産奨励策をとる。まず一九二〇年七月に中絶禁止を法制化し、二一年からは三人以上の子をもつ家族の十三歳以下の児童に年額九〇フランの児童手当を支給した。託児所を設け、幼稚園の数をふやしもした。母親が讃えられたが、その裏では独身者や子供がいないか一児しかもたない女性への罪悪視が植えつけられていった。三〇年代もこの傾向は続き、三二年三月に家族手当の支給が全雇用者に義務づけられ、三九年七月には家族手当の引上げと初産手当などが打ち出されて出産が奨励された。ヴィシー期の母性イデオロギーは、この延長線上に登場する。

対独強硬から平和外交へ

ドイツにたいする安全保障という面では、フランスはドイツの大国化を阻止し、ドイツの弱体化をねらった。一九一九年一月から始まったパリ講和会議には、クレマンソー自らが乗り込んで議長としてフランスの国益追求に邁進《まいしん》した。ピレネ山脈からライン川までという自然国境論がフランスにはあったが、民族自決原理を重視するアメリカや大陸での勢力均衡を重んずるイギリスの反対で、この主張は拒否された。クレマンソーはアメリカ大統領ウィルソンが提唱した国際連盟に懐疑的で、せいぜい対独国際軍の創設にそのメリットをみいだしただけであった。またクレマンソーは、ライン左岸地区の連合軍による永久占領や自治的緩衝国の樹立を提案するが、ことごとく英米両国に反対された。

それでもフランスの強硬態度を前にして、イギリスとアメリカは、対仏保障条約草案とライン左岸の一五年間の占領およびライン右岸五〇キロの非武装化を決定した。六月に調印されたヴェルサイユ条約によって、ドイツ軍は一〇万人に制限され、アルザスとロレーヌ地方はフランスに返還され、炭鉱地帯があるザール地方は一五年間国際連盟の管理下におかれることとなった。

ただし、対仏保障条約は孤立主義に復帰したアメリカが批准しなかったので、フランスは自国の安全保障を大西洋にではなくて東欧に求めねばならなかった。一九二〇年九月にベルギーと軍事同盟を結んで北の守りを固めたフランスは、二一年二月にポーランドと同盟条約を締結した。フランスは、ドイツ包囲とボリシェヴィズムへの「防疫線」という二重の役割をこの条約に与えた。これがフランスの東欧条約網の始まりである。それは、二五年から二七年にチェコスロヴァキア、ルーマニア、ユーゴスラヴィアという東欧三国を巻き込んだ小協商諸国との同盟網となって結実する。フランスは、かつての露仏同盟の代替物を東欧の同盟網にみいだしたかったが、小協商諸国内部の対抗心は同盟網を脆弱《ぜいじゃく》にしたうえに、フランス自身も戦前のように財政上の支援をこれらの国に与えられなかった。それに防御を基本とするフランス軍は、同盟国が攻撃されたとき、ただちに救援に向かえなかったのである。

賠償金の支払い不履行を指弾して、一九二三年一月にポワンカレ首相がベルギーとともにルールに出兵し、ヨーロッパ有数の工業地帯を占領した。この荒療治は英米両国の反発を招いただけでなく、フランスでも「戦争屋ポワンカレ」を糾弾する声がわきあがった。ドイツ国内では「受動的抵抗」が組織され、ヒトラーのミュンヘン一揆という国粋的傾向をあおって終わった。それればかりか、賠償はドイツの支払い能力を基礎に算定すべきであるとされてしまった。そこでエリオ左翼連合政権は、仏独協調を指針としてルールから撤兵し緊張緩和につとめた。政府は、国際連盟の枠内での軍縮と集団安全保障を探求する。懸案の賠償問題は二四年のドーズ案によって方向性がさし示された。ドイツにアメリカが融資し、それをドイツはフランスへの賠償支払いにあて、フランスはこうしてえた賠償金を戦債支払いというかたちでアメリカに還流させるという方式が決められた。さらに二九年のヤング案によって、ドイツの賠償義務は三五八億金マルクと査定され、三二年のローザンヌ会議でドイツの支払い額は三〇億金マルクに減額された。

一九二五年にブリアンが外相となり、ロカルノ条約や不戦条約などの締結に尽力し、ブリアン外交と呼ばれる時代が築かれた。彼は約七年のあいだ、フランス外務省の主となり国際協調につとめた。二五年十月に締結されたロカルノ条約は、ラインラントの現状維持にかんする相互保障条約であり、国境の維持と不可侵、ラインラントの再軍備禁止、紛争の平和的解決などを規定していた。この条約を受けて二六年九月にドイツの国際連盟入りが承認された。不戦条約は、ブリアンとケロッグ国務長官(アメリカ)とのあいだで話が進められ、二八年八月にパリで一五カ国のあいだで調印された。かくして、相対的安定期と呼ばれる時期が続く。

一九二〇年代末のフランスは、いわば幻想のなかで生きていた。ドイツからの賠償金取立ては中途半端なものに終わり、対独安全保障も信頼できるものではなく、マジノ線の建造に突き進まざるをえなかったとしても、また、インフレと通貨不安とフラン切下げによって労働者や中小ブルジョワジーが経済成長を実感しえなかったとしても、安全保障と経済再建という二つの課題は達成しえたかのごとき幻想が広まっていた。この幻想はしのびよる不安を忘れさせる精神安定剤の役割をはたし、今しばらくは緊張緩和の時期が続く。

ポワンカレが一九二九年七月に病気によって政界を去ったことは、強力な指導者の退場を意味した。さらに、四カ月後にポワンカレのライヴァルで対独強硬派のクレマンソーが死去したことは、ひとつの時代の終わりを告げるものであった。それでも、中小経営の比重の高い産業構造をもったフランスへの恐慌の波及は遅れ、タルデュー首相のもとで公共事業による「繁栄政策」が推進され、フランスは束の間の小春日和を楽しんでいた。三〇年二月に、フランスの工業生産高は戦後最高を記録したほどである。

3　世界恐慌と人民戦線

複合的危機

一九三〇年代のフランスは、恐慌、右翼リーグの活動、ドイツにおけるナチス政権の誕生などさまざまな不安をかかえていた。この不安からの脱出口として、フランス国民が選択したのは人民戦線政府である。人民戦線とは中産階級と労働者階級の同盟であり、三四年の騒擾《そうじょう》事件を契機に誕生した。それは「パンと平和と自由」を掲げ、議会レヴェルの政党連合をこえた広範な左翼結集の試みであった。政党、労働組合、市民団体など九八もの組織が人民戦線に名を連ねている。中心的役割を演じたのは政党であるが、その政党を行動にかり立てて人民戦線の助産婦となったのは、フランス社会を襲った危機であった。

第一の危機は経済恐慌である。世界恐慌がフランスに押しよせたのは二年後のことであるが、フランス経済は、ポンド切下げ（一九三一年九月）とドル切下げ（三三年四月）によって打撃をこうむり、他国の景気が回復に向かった三五年に最悪をむかえ、恐慌前の水準に達することなく大戦に突入した。もっとも、近代的な大規模経営の少ないフランスの失業者数は三六年で八六万人と、ドイツより少なかった。農業国フランスでは、農業恐慌のほうが工業恐慌より広範な社会層に影響をおよぼした。その

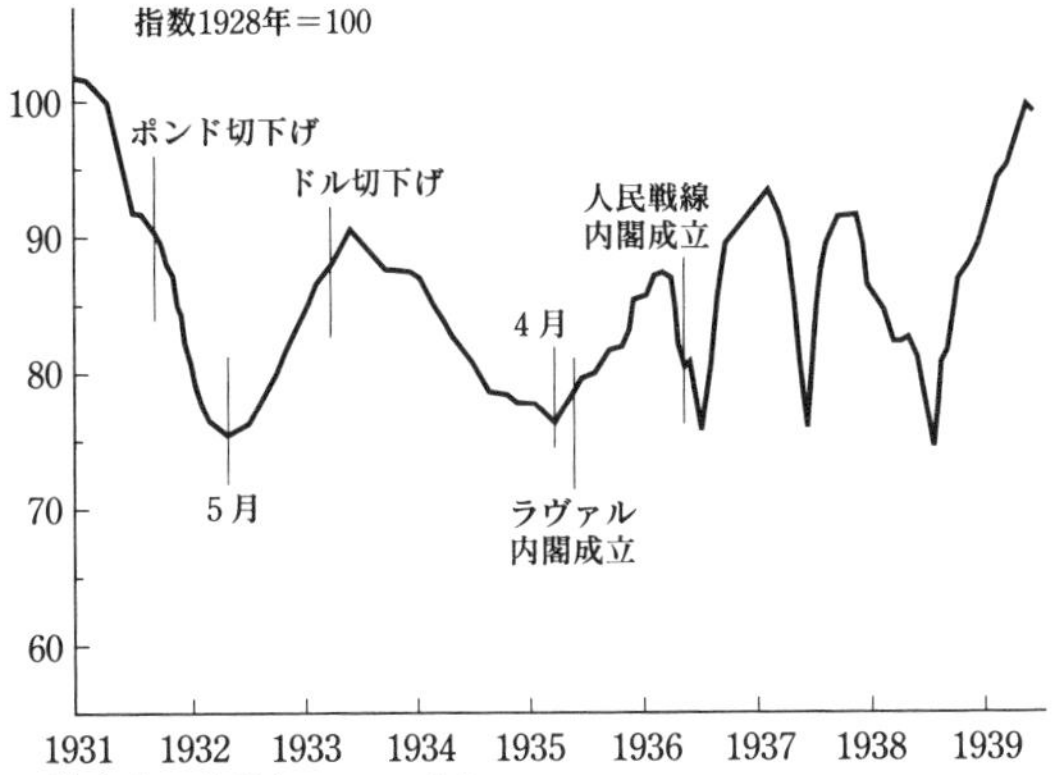

工業生産の変動(1931〜39年)

農業恐慌は、農産物の生産過剰による価格暴落というかたちで始まった。小麦価格は三五年には戦後最低となり、二九年比で半減した。このため農業所得は三五年には二九年比の四割に落ち込み、その減少率は商工業所得のそれを上回った。農民の購買意欲は減退し工業の生産回復に支障をきたす。

経済危機は租税収入の減少を惹起し財政危機をもたらした。一九三五年の税収は二九年の三分の二しかない。外国通貨の切下げによってフランスの物価水準は高くなり輸出の激減を引き起こし、国際収支は三一年に入超に転じた。資本の国外流出も財政悪化に拍車をかける。ドイツの再軍備に対応するために軍事費をふやしたことや、タルデューの積極財政が支出を増大させていたうえに、賠償金の支払い停止によって収入は減る一方であった。三一年から三五年までの累積赤字は一四〇億フランに達した。財政赤字を解消するために、政府は増税と退役軍人の年金の減額や公務員給与の削減をおこなった。この政策が人々の不満をかきたてた。とくに、三五年七月のラヴァル内閣の緊急令が人心を激高させた。その緊急令は、公務員の給与や年金や公債の利子などを含む国家支出の一割削減を一律に課していた。退役軍人たちは、「祖国」のために先の大戦に赴いたことが忘れ去られ、年金削減という、いわば恩を仇で返すような共和国の仕打ちに憤慨したのである。

累積する財政赤字は歴代の内閣に難問を突きつけ、デフレ政策をめぐって倒閣があいついだ。かくして議会制への不信が醸成され、政治危機を発酵させる。政治危機は、一九三四年二月六日のコンコルド広場の騒擾事件で極点に達した。政治危機の原因は、三二年五月の総選挙で生まれた左翼多数派が恐慌の舵取りに失敗したことにある。この選挙で三年間下野していた急進社会党が第一党、社会党が第二党となり、左翼は共産党を除いても三三四議席(右翼は二五九議席)を獲得して過半数を制した。こうして急進社会党総裁のエリオが首班となり、社会党が閣外協力する政府が誕生した。ところが両党間に財政問題について合意がなかったことは、政治的不安定の主因となった。公務員給与の減給を含む均衡予算は急進社会党と社会党の連合を崩壊させ、予算案をめぐって政府交替が頻発する。果断な恐慌対策を打ち出せない政府にたいして、国民の不満は高まる一方であった。

このとき発覚したのがスタヴィスキー疑獄事件である。一九三三年十二月のことである。急進社会党の閣僚を含む政治家が事件に連座していたうえに、翌年一月九日にスタヴィスキーが自殺死体となって発見されるや世論も激高する。巷間ではスタヴィスキーは口封じのために殺されたと噂された。

アクション・フランセーズをはじめとした右翼リーグが、政府の無能と議会の腐敗を糾弾し街頭での行動を呼びかける。二月六日は、ダラディエ急進社会党内閣の信任投票が予定されていた日であった。ダラディエは、多数派工作のために左翼に評判の悪かったパリ警視総監キアップを解任した。この措置は右翼の憤激を一層高めた。六日夕刻から右翼リーグは、下院を包囲するかたちで陸続と結集し、コンコルド広場での八時間におよぶデモ隊と警官隊との衝突で、死者一七名、負傷者二三〇〇名を数えるパリ・コミューン以来の大暴動となった。

ダラディエは信任されたにもかかわらず、翌七日に暴動事件の責任をとって辞職し、ドゥーメルグ国民連合政府が誕生する。七日付の社会党機関紙『ポピュレール』は、「ファシストの実力行使は失敗した」と主張したが、二月六日事件は共和政にたいするファシストの陰謀ではなかった。右翼リーグのあいだに相互に連絡はなく、権力を奪取して新しい権力機構を創出するプランもなかった。それは、一九三二年の左翼多数派を街頭の圧力で退陣させて、右派内閣にすえかえただけであった。

ドゥーメルグ休戦内閣には、急進社会党も参加して重要な位置を占めた。ドゥーメルグは執行権を強化するための憲法改正を提案するが、急進社会党に拒否されて失脚する。下院解散権の行使を含む改正案は、一八七七年のマクマオン事件を想起させたからである。その後の内閣でも急進社会党は「かなめ政党」として重要な役割をはたすが、デフレ政策を続ける与党的立場に党内の若手を中心に不満が高まっていった。以上のように、一九三〇年代前半のフランス社会は、政治・経済・社会にわたる複合的危機に覆われていたのである。

人民戦線の成立

複合的危機のなかから生まれた人民戦線は、反ファシズムと反恐慌と文化革命をめざした。しかし、人民戦線の政治・経済・文化の三領域にまたがる実験は、めざましい成功をもたらさなかった。なぜなら反ファシズムの立場は国内右翼リーグに向けられたものであり、国際的には平和主義を堅持してナチス外交に屈し、恐慌対策も後手にまわって景気を浮揚させることはできず、文化革命も十九世紀末の知識人社会主義的な啓蒙的色彩が強く、労働忌避的な労働者文化と衝突する場合も少なくなかったからである。それでも、人民戦線はフランス史上、社会主義者がはじめて首相になった政体であり、その歴史は今日的な社会民主主義の先駆として注目に値する。

二月六日事件後、共和国防衛の任務を掲げたのは社共両党である。左翼にとって、二月六日は「ファシスト」のクーデタであった。左翼の統一行動を求める最初の反応は、社会党と社会党系のCGTにみられた。CGTと社会党は、二月十二日にゼネストとデモをおこなうことを決定する。共産党系のCGTUも十二日のゼネスト参加を決議した。しかし、共産党は六日に「反ダラディエ、反社会党、反ファシズム」のもとデモを組織し、結果的に右翼リーグと一体になるというまぎらわしい行動をとっていた。そこで、共産党は九日に独自のデモを共和国広場で組織するが、死者六名をだす乱闘に終わった。ここにいたって共産党は最初の戦術転換をおこない、十二日のデモへの参加を表明した。十二日のゼネストとデモは大成功であった。

しかしながら、共産党はふたたび「社会ファシズム論」の立場から社会党攻撃を強めた。共産党との統一を求める社会党左派がもっとも攻撃され、社共関係は元の木阿弥《もくあみ》と化す。共産党が統一戦線へのイニシアティヴをとるのは一九三四年六月のことである。共産党は、社会党指導部に統一を求めるアピールを発した。社会党は、非難合戦の中止、教義論争の停止、反ファシズムの戦いが民主的自由の防衛を意味すること、社共連絡調整委員会の設置などを条件として、統一戦線を受諾する決議をあげた。

こうして一九三四年七月二十七日に統一行動協定が調印されるが、統一行動を「ファシスト・リーグ」との戦いにとどめようとする社会党の壁に突きあたり、共産党は統一戦線を大衆的規模に拡大しえないでいた。そこで共産党は中産階級の獲得に乗り出す。三四年十月、共産党書記長トレーズは急進社会党へのアピールをおこなった。急進社会党に反ファシズム連合を提案しつつ、「中産階級と労働者階級の同盟」を実現することが語られた。ここではじめて「自由と労働と平和の人民戦線」が打ち出された。しかし、急進社会党は共産党のアピールを黙殺する。両党は国防問題では決定的に対立していた。共和国の防衛を党是とする急進社会党の愛国主義と、ブルジョワ共和国の国防を否定しその敗北を願う共産党の革命的敗北主義とは水と油であった。

しかし一九三五年前半の三つの事件が、急進社会党の人民戦線受諾を可能にした。第一に、五月にスターリンがフランスの国防に理解を示したことだ。国防をめぐる両党の対立は解消する。また、夏のコミンテルン第七回大会で人民戦線戦術が決議されたことは左翼の結集に弾みをつけた。第二に選挙の考慮である。二月六日事件以後、右翼的な国民連合政府に参加してきた急進社会党は、三四年春以降の一連の選挙で後退をよぎなくされていた。したがって、三五年春の補欠選挙で急進社会党候補が社共両党の協力で当選したことは、急進社会党の態度に影響を与えずにはおかない。このように、三党間の連合が第二次投票における選挙連合として成立したことは重要である。第三に、クロワ・ド・フーを中心とした右翼リーグの蛮行である。三五年になって右翼リーグの行動は徒党化し、共和秩序を危険にさらした。急進社会党議員も犠牲になっていた。クロワ・ド・フーの行動こそが急進社会党を人民戦線に追いやったのである。共和政の危機は同党左派を勢いづかせた。左派の先頭に立ったのが、二月六日事件の責任をとって内閣総辞職をしたダラディエであった。

共産党系のアムステルダム・プレイエル運動が、共同デモを一九三五年七月十四日におこなうことを呼びかけて左翼に結集軸を提供した。多数の左翼組織がこれに応じ、人民連合準備委員会が結成される。急進社会党も集会への参加を決議し、七月十四日に、トレーズ、ブルム、ダラディエの三党首が肩をならべてデモ行進した。翌日、人民連合の存続が決定され、政党や労働組合など一〇組織の代表からなる人民連合全国委員会が結成される。人民連合が人民戦線の正式名称であった。三五年秋から人民連合の綱領論議がおこなわれ、三六年一月に規約と綱領が公表された。

人民連合の規約は「さまざまな組織間の連絡センター」と自己規定し、共産党が主張した個人加盟は退けられた。綱領は即時実施可能な諸方策に限られ、社会党が主張した基幹産業の国有化などは否定された。綱領は、政治的要求と経済的要求の二部からなっていた。政治的要求とは自由の擁護であり、右翼リーグの解散、組合の権利の擁護、非宗教学校の擁護などがあった。自由の擁護に比べると平和の擁護は具体性に欠けたが、軍需産業の国有化が予定されていた。経済的要求は人民戦線の妥協的性格が明らかな部分である。フランス銀行の国有化の要求もあるが、「反デフレーション、反平価切下げ」が基本的スタンスである。綱領は、公共事業、失業基金、高齢者退職年金、給与削減をともなわない労働時間の短縮、投機から市場を守るための穀物公団の創設などによる大衆の購買力の上昇をねらった。しかし、きわめて穏健な綱領は、総選挙の第二次投票に向けておこなわれる人民戦線派の候補者間の選挙協力の基礎でしかなかった。それでも右翼の不統一と対照的に、左翼が人民戦線という組織によって団結して選挙をむかえることができたことは左翼に幸いした。

ブルムの実験

一九三六年春の総選挙で、社会党ははじめて第一党となった。左翼の三七三議席にたいして右翼の二四八議席と、議席数のうえでは人民戦線の圧勝であるが、得票数のうえからは左右両翼に大きな変

		1936年議席	改選前	増減
人民戦線派	共産党	72	10	+62
	PUP(プロレタリア統一党ほか)	10	11	−1
	社会党	146	97	+49
	USR(社会主義共和同盟)	26	45	−19
	急進社会党	116	159	−43
	その他	3		+3
計		373	322	+51
反人民戦線派	独立派	11	22	−11
	急進左派	31	66	−35
	人民民主派	23	23	
	左翼共和派	84	99	−15
	民主共和同盟	88	77	+11
	保守派	11	6	+5
計		248	293	−45

1936年選挙結果(議席)

	1932年	1936年
	%	%
有権者	11,533,593 (100)	11,798,550 (100)
共産党	783,098 (6.78)	1,468,949(12.45)
社会党系	2,034,124(17.63)	1,996,667(16.92)
急進社会党系	2,315,008(20.07)	1,955,174(16.57)
(計)	5,132,230(44.48)	5,420,790(45.94)
右派(反人民戦線派)	4,307,865(37.35)	4,233,928(35.88)
有効投票数	9,440,095(81.84)	9,654,718(81.82)

1932・36年選挙の得票数比較

動はみられない。ただ左翼内部の票の移動が目についた。大躍進をとげたのは共産党である。共産党は得票数では倍増し、議席数では七倍になった。トレーズは選挙戦中、さらなる穏健路線に踏み出しカトリック教徒にもクロワ・ド・フーにも手をさしのべた。社会党は、議席をふやしたものの得票数では三二年をやや下回った。約三五万票減らして第二党に転落した急進社会党は、当選議員の四分の一が人民戦線に批判的であった。選挙結果は左右の政治意識の均衡と急進社会党右派の伸張を明らかにしたが、その意味は理解されず、祝祭的雰囲気のなかで「すべてが可能である」(マルソー・ピヴェール)かのような幻想を与えた。しかし、ブルムがめざしたのは、資本主義の枠内での合法的な「権力の行使」であり、革命的な「権力の奪取」ではなかった。

一九三六年六月四日に誕生したブルム内閣には社会党と急進社会党が入閣し、共産党は閣外から政府を支持した。副首相と国防相はダラディエ、経済関係の閣僚と内相を社会党が占め、急進社会党は軍・外務・法務・国民教育省(三二年に公教育省から省名変更)などの大臣ポストを占めた。女性に参政権がなかった時代に、三名の女性が入閣したことは目新しかった。ブルム内閣が成立したとき、フランスは航空機産業からデパートにいたるまで自然発生的な工場占拠ストライキの波に覆われていた。ルノー工場のように共産党員がストライキを主導した職場もあったが、多くの工場占拠ストは社会革命をめざしたものではなくて、解放感から生まれた「喜びのスト」(シモーヌ・ヴェイユ)であった。ブルムは、ストライキを終息させるために労使の調停に乗り出す。六月五日に、彼は経営者代表と労働組合代表を首相官邸に集めて協定案を審議させた。その結果、七日に労働協約と賃上げをおもな内容とするマチニョン協定が締結された。この協定とトレーズ書記長の六月十一日演説(「ストライキを終わらせる術をこころえていなければならない」)によって、工場占拠も終結に向かった。それでも、ストライキのエネルギーは、三六年三月に再統一したCGTに四〇〇万人の組合員をもたらすことになる。

ブルムは矢継ぎ早に法案を議会に提出した。「ブルムの実験」が始まる。有給休暇法と団体協約法はマチニョン協定の実行であった。労働者から奉公人や俳優にいたるまで、年二週間の有給休暇がはじめて導入された。人民戦線綱領にはなかった有給休暇が実現したのは、労働者の「喜びのスト」の成果だろう。公務員給与と恩給の削減廃止は、緊縮財政の犠牲者の不満解消と購買力の上昇による不況克服が狙いだ。週四〇時間法と義務教育年限の一年延長は、労働時間の短縮による労働条件の改善や余暇の増大と教育水準の向上という意味のほかに、雇用の創出と失業者の減少も目的としていた。そのほかに、中央銀行を政府に協力させるためにフランス銀行(私企業)の民主化をめざした機構改革、クロワ・ド・フーなどの右翼リーグ四団体の解散、安定した小麦価格を維持し投機家を締め出して農民の購買力上昇を目的とする小麦公団の創設などがなされた。七三日間に一三三もの法律が議会で成立したことは、第三共和政下では前例のないことであった。

バスチーユ広場における人民戦線派集会(1936年7月14日)　左からブルム夫人，ブルム首相，トレーズ共産党書記長，サラングロ内相，ヴィオレット国務相，コット空軍相。

ブルムの蹉跌

内政面でダイナミックな政策を打ち出したブルム内閣にとって、一九三六年七月十七日に突発したスペイン内戦が躓《つまず》きの石となった。なぜなら人民戦線に結集した諸組織は、国内のファシズムとの戦いでは一致していたが、国外のファシズムとの戦いにまで戦線を拡大するのか否かについては不問にしていたからである。それに、国際的な反ファシズム戦線に加わることは、人民戦線の平和の綱領と矛盾した。

フランスでは、スペイン内戦は武器援助問題として争点化された。政府は紆余曲折《うよきょくせつ》の末に不干渉政策を採択したが、当初ブルムがスペイン人民戦線政府の支援に傾いていたことは問題を複雑にした。一九三六年七月二十日にスペイン政府から武器援助の要請を受けたブルムは、ただちに関係閣僚と協議し武器を援助する線でとりまとめていた。しかし、彼は急進社会党閣僚や右翼の反対に直面して方向転換し、八月八日に一方的不干渉に踏み切った。不干渉政策は、イデオロギー的連帯を重視する左派の態度を硬化させた。左派は政府批判を強めるが、九月六日のブルム演説（戦争の回避と平和の維持を国際法の論理から説いた）を境に、社会党内でのブルム批判は鎮静化した。しかし共産党からの非難はやむことがなく、三六年十二月五日の下院で、共産党は政府のスペイン政策に反対して不信任を意味する棄権票を投じた。人民戦線連合が採決でわれたのは、はじめてのことであった。

スペイン問題をかろうじて乗りきったブルム内閣も、一九三六年九月二十六日、ついに平価切下げに追い込まれた。そもそもブルム内閣は、財政政策として緊縮財政による均衡予算ではなくて購買力政策をとった。すなわち、賃上げや公共支出を増大することによって国民の購買力の増大をはかり、それが生産の拡大と税収の増加に結びつき、財政赤字の解消にいたるというシナリオである。しかし、生産性の低い伝統的な経済構造にメスをいれない政策は奏功しない。それは生産力視点を欠いた分配政策であった。資本家は賃上げ分を価格に転嫁し、その賃上げ分もインフレによって吸収されてしまった。したがって資本の国外流出はやまず、経済の回復も期待されたほどではなかった。

そこで、ついに公約に反するかたちで二五〜三五％のフラン切下げを断行したわけであるが、時期も遅かったうえに切下げ幅も不十分であり、内外の価格格差はあまり縮まらなかった。かくして改革の「暗々裏の休止」がなされ、一九三七年二月には正式に「休止」が宣言される。改革の放棄を意味する「休止」は、保守派を満足させた。財政状況の改善のために、政府も均衡財政を受け入れざるをえなかった。同年三月に、為替市場を監視し政府に助言を与える四名の専門委員会が設置され、フランス銀行総裁や保守派の経済人が就任した。

一九三七年六月、逼迫《ひっぱく》する財政に対処するためにブルム内閣は議会に財政全権を要求した。しかし、急進社会党右派のカイヨーが率いる上院の反対にあい、ブルム内閣は六月二十二日に退陣する。ブルムの後任となったのは、急進社会党のショータンである。形式的には人民戦線連合は維持されるが、ショータン内閣は人民戦線とは名ばかりであった。三八年三月に第二次ブルム内閣が組閣されるが、財政全権をめぐってふたたび倒れ、ダラディエ内閣が誕生する。三八年十一月十日、人民連合全国委員会から急進社会党が離脱して人民戦線は最終的に解体した。このころ週四〇時間労働も骨ぬきになり、週四八時間までの労働が認められた。予想される戦争に備えるために、増産体制が求められていたからである。十一月三十日に政府の政策に抗議しておこなわれたCGTのゼネストも失敗し、人民戦線運動は終焉をむかえた。

文化革命としての人民戦線

人民戦線の遺産で、今日まで存続しているものは有給休暇制度だろう。一九三六年六月に可決された有給休暇法と週四〇時間法によって、「週末」と「ヴァカンス」が保証され余暇は権利となった。それまでフランス語には「週末(weekend)」ということばがなく、二〇年代に英語からの借用によって普及したことを想起しよう。それだけに、ブルム内閣がスポーツ・余暇担当次官の職を新設してラグランジュを任命したところに、政府の意気込みをみることができる。政府は、労働の生活しか知らなかった労働者に生活のなかに余暇を含んだ社会を教えようとした。テイラー・システムによる合理化と単調な労働から人間性を回復するためにも、余暇が必要であった。労働から解放されて釣りやダンスに打ち興ずるという余暇のユートピアは、ルネ・クレール監督の映画『自由を我等に』(三一年)にも描かれていた。

余暇が浪費されたり無為に過ごされたりしないために、余暇の組織化が重要な課題となる。政府は、スポーツ・旅行・文化という三つの楽しみを民衆に享受させることをその課題とした。しかし、それはファシズム国家のような余暇の国家管理ではなくて、国家は余暇の案内人であり、余暇を振興し方向づけはするが、その選択は各人の自主性に任せるという民主主義国にふさわしいものであった。

旅行の分野では、政府は一九三六年七月三十日に「ラグランジュ切符」と称される四割引の鉄道運賃割引制度を設けて、労働者家族に海や田舎への遠距離旅行を保証した。近距離であれば、自転車とユースホステルの利用による旅行が流行した。もっとも、ラグランジュ切符の利用者は三六年の五カ月で五五万人、三七年で九〇万人であり、一気に民衆ツーリスムが実現したとはいいがたい。スポーツの分野では、ラグランジュは「見せ物としてのスポーツ」から「自ら参加するスポーツ」へとスポーツ観の転換をはかった。彼は三三の屋内プールや二一のスポーツ施設をつくり、指導者不足を解消するために高等体育師範学校や国立スポーツ研究所を新設し、小学校に体育の授業を加えもした。文化事業としては、民衆演劇の発展のために劇団に助成金を与えたり、労働学校に援助したり、移動図書館制度を設けたりして民衆に文化への道を切り開いた。政府は、国立劇場で労働者に低廉な席を用意した。また、ルーヴル美術館の夜間開館が始められ、労働者と青年にたいして週一回の夜間割引制度も導入された。

実際には一九三六年段階では、新しい余暇の思想が労働者に浸透したとはいいがたく、政府の意図は労働者の無関心に直面することが多かった。長距離の家族旅行ができる労働者の家庭は少なく、二週間の有給休暇をえるためには、同一の会社で一年間働いていることが条件であったので、多くの女性は対象外になった。また「ラグランジュ切符」は、母子家庭や失業中の夫をもつ女性労働者の手にははいらなかった。ラファイエット百貨店の女性たちは、獲得した「週末」を家庭の徹底的な掃除にあて、ルーヴル美術館の夜間割引も利用者が少なくて中止されてしまった。結局、自由時間の増大は創造的な余暇と結びつかず、ときには「ヤミ労働」となったりした。しかし、有給休暇によって余暇が上流階級の独占ではなくなり、「労働と余暇」や「余暇の民主化」などの問題が実践的に提起されたことの意味は大きい。有給休暇による新しいライフスタイルの確立には第二次世界大戦後を待たねばならないが、フランス人のライフスタイルを変える文化革命の先駆がここにあった。

集団安全保障体制の危機と宥和外交

一九三〇年代初めのフランス外交は、仏独協調と国際連盟の枠内での国際協調を軸としたブリアン外交を基調としていた。同時にフランスは、過去においてなしえたようにヨーロッパの運命に影響を与えることはもはやできないことを悟っていた。とりわけ三〇年代後半のフランスは、経済的にも社会的にも脆《もろ》さを露呈し、国際政治のうえでも二流国に転落したといわれた。三二年以降の歴代フランス政府には、ナチズムを考慮する余裕はなかった。三二年十二月にエリオ首相は、ドイツのパーペン首相に軍備についての権利の平等を認め、他国が軍縮に踏み出さないならドイツは再軍備する権利があることを暗黙のうちに認めた。ヒトラーの政権掌握後の三三年六月、ダラディエ首相はイギリス、ドイツ、フランス、イタリアに四国条約を提案して、ナチス・ドイツをも含む「ヨーロッパ協調」を再建しようとした。独伊両国は、その条約に国境にかんするヴェルサイユ条約の条項を修正するための可能性をみいだしたが、イギリスとフランスは国際連盟の枠内での地域的協商条約とそれを理解した。このような認識の相違のために条約は批准されなかったが、ヒトラーの登場直後には、フランス外交の方針に変更はなかった。

一九三三年十月に、ドイツはローザンヌ軍縮会議と国際連盟から脱退し、フランスが集団安全保障の原理としてきた国際連盟と軍縮を否定した。他方でドイツは、フランスに一〇年間の不可侵条約の交渉を提起してフランスの不安をしずめようとした。この条約は、権利の平等に基づく軍備の相互管理や住民投票のないザールの再譲渡などを内容としており、まとまるはずはなかった。ドゥーメルグ政府は、三四年四月十七日にドイツの提案を拒否する覚え書を公表した。フランスも、再軍備と同盟の強化という伝統的外交政策への回帰を明らかにする。

ドゥーメルグ内閣の外相は、現実主義的右翼のバルトゥーであった。彼は覚え書の方針にそって行動し、仏伊関係と仏ソ関係を重視した。仏伊関係は一九三五年四月に英伊仏三国のストレーザ戦線として結実し、三国はストレーザ戦線の一方的破棄に反対し、オーストリアの領土保全を確認した。さらにバルトゥーは、三二年十一月にエリオ内閣が締結した仏ソ不可侵条約を推し進めた「東方条約」構想を練って、仏ソ条約を中軸とした対ドイツ包囲同盟網の構築を考えた。フランスが、ソ連の国際連盟加入を支持した理由もここにある。しかしバルトゥーは、三四年十月にクロアチア民族主義者によってユーゴスラヴィア国王とともにマルセイユで暗殺されてしまった。しかも三四年一月には、東欧同盟網の要であるポーランドがドイツと不可侵条約を締結し、ユーゴスラヴィアも同年六月にドイツと通商条約を結び、東欧同盟国のフランス離れが起きていた。

後任の外相となったのはピエール・ラヴァルであり、バルトゥーの路線を継承したが方向を変えた。ラヴァルはイタリアにたいして友好的であり、一九三五年一月のローマ協定では、ムッソリーニにエチオピアでのフリーハンドを与えたといわれた。しかしソ連との同盟には慎重であり、三五年五月にようやく仏ソ条約を結んだが、軍事条項を補わないように念をいれ、議会の批准をおくらせもした。

ラヴァルが仏ソ条約を締結した理由は、二カ月前のドイツによる再軍備宣言への対策であるが、彼はドイツの孤立化ではなくてむしろ独裁者との和解を望む人物であった。

共産党を除く諸政党とCGTは、大戦前夜には戦争と平和をめぐって内部分裂をかかえていた。この対立に反共産主義が結合して問題を複雑にした。民主主義を守るためには最後の手段として戦争も辞さないブルムと、絶対平和主義にしがみつく社会党書記長フォールの対立が有名である。保守党にあっても、反独右翼とイデオロギー過剰の反共右翼のあいだに亀裂が生じていた。多くの右翼は政治的リアリズムを見失い、ドイツと対抗するためにソ連カードを利用するという反独右翼は少数派となっていた。したがって「ヒトラーかスターリンか」という選択の前で、多くの右翼と反共左翼はヒトラーを選択した。

戦争を避けたい社会心理は、一九三八年九月三十日のミュンヘン協定として政治的表現が与えられた。反共平和のミュンヘン派が世論の多数を占め、宥和政策がピークをむかえる。十一月の第一次世界大戦休戦二〇周年式典で、多くの兵士が眠る墓地めぐりの松明《たいまつ》リレーがおこなわれたように、先の大戦の記憶はなお鮮明であった。平和主義のムードは、ジロドゥーの戯曲『トロイ戦争は起こらないだろう』(三五年)や『西部戦線異状なし』の映画(三〇年)にもあらわれていた。反ユダヤ主義者のセリーヌが自伝的小説『夜の果てへの旅』(三二年)のなかで、「この世の真実は死だ」と断言してはばからない主人公を造形したところにも、第一次世界大戦の影響を垣間みることができる。

一九三五年三月に、ドイツが再軍備宣言をしてヴェルサイユ条約を侵犯したとき、イギリスとフランスは形式的な抗議をしただけであった。また三五年夏に始まったイタリアのエチオピア侵略は、仏伊接近をはかるラヴァルを困惑させ、のちの独伊枢軸をもたらすことになる。三六年三月にはヒトラーはラインラントに進駐して、またもやヴェルサイユ条約に挑戦した。フランスは一片の抗議声明を発しただけで実力行使にはでなかった。二〇年代のフランスが、必死になって守ろうとしたライン川沿いの非武装地帯はあっけなく潰《つい》えた。同年十月にはベルギーが中立政策に復帰し、フランスとの同盟が解消された。

フランスの安全保障に黄信号が点滅し始めた。スペイン内戦では、ドイツは自国の武器の性能をスペインの山野で試し、一九三八年三月にはオーストリアを併合し、九月にはズデーテン地方の割譲を承認させた。当時の世論調査によれば、戦争が回避されたと考える人は、三九年二月に五七%であったのが六月には三四%へと減少した。この世論調査のあいだに、チェコスロヴァキアはドイツに全土を占領され、ポーランドはドイツから旧プロイセン領のダンツィヒ返還を要求されていた。八月二十三日の独ソ不可侵条約締結後、フランス人は戦争を覚悟する。九月一日にドイツ軍がポーランドに進撃して第二次世界大戦が始まった。フランスの総動員令は九月二日に発せられたが、西部戦線は四〇年五月まで仏独両軍が戦端を開かない「奇妙な戦争」が続いた。

4　ナチ占領下のフランス

ヴィシー体制の成立と崩壊

一九四〇年五月、ドイツ軍の西部攻勢によって第三共和政は崩壊した。六月二十二日に休戦協定が結ばれ、フランスは占領地区、併合地区、自由地区に三分され、一五〇万人の兵士を捕虜としてドイツに残さねばならなかった。このような混乱のなかで、フランス人は八十四歳のペタン元帥と休戦を受け入れた。七月十日に、第一次世界大戦の英雄ペタンを国家主席とする政府が温泉町ヴィシーに成立する。ヴィシー政府には、三六年に下野した勢力が結集していた。その典型は、ヴィシーの「ナンバー・ツー」のラヴァルだ。ヴィシー派は、敗戦の責任を人民戦線に押しつけ、共和政を全否定する国民革命を掲げた。共和国大統領職や議会が廃止され、権威主義体制が顔をあらわす。

ペタン政府は、表面上は正統政府としてイギリス以外の国と外交関係を保ったが、実態は半主権政権であった。しかしヴィシー派には、綿密な国家改造プランはなく、ファシズム体制の特徴である独裁政党も単一の青年組織もなかった。元帥の思想も、権威や宗教を重視する保守的なフランス右翼のそれであって、擬似革命性をもつファシズムではない。ヴィシーは、王党派の伝統主義者と左翼のサンディカリストと近代化論者の寄せ集めという曖昧《あいまい》な体制であった。彼らは、共和政の清算という点では一致しえても、具体的な青写真を異にした。とくに経済政策の隔たりは大きかった。農民の国フランスに憧れる復古派と、工業国フランスを推進する近代派との調整は困難であった。

ヴィシー派は、共和的秩序の一掃による社会改造をめざし、ドイツと協力してフランスの状況の悪化を防ぎ、ドイツ中心のヨーロッパのなかでフランスの地位を確保しようとした。国民革命と対独協力はここから生まれた。一九四〇年十月、ペタンはヒトラーと会見して、仏独両国の「協力の原則」を誓った。カトリック色の強い国民革命に熱意がないラヴァルは、ペタン派との折合いが悪く十二月十三日のクーデタで失脚し、翌年二月にダルラン提督が権力を引き継いだ。しかし、中東や北アフリカにおけるドイツとの軍事協力にも積極的なダルランの行動は、ペタンの不安を呼び起こす。ラヴァルも、軍事的対独協力については慎重だった。そこで四二年四月、ペタンはダルランを解任するが、ドイツからの圧力もあってラヴァルを政権に復帰させざるをえなかった。

連合国軍が北アフリカに上陸した一九四二年十一月に、ドイツ軍はフランス全土を占領した。ラヴァル政府へのドイツの圧力は強まる。ファシストになりきれないラヴァルは、ドイツから無視されることが多くなる。対独協力主義者も、ラヴァルの待機主義的態度に苛立ちを感じ始めた。ドイツは四四年一月に、占領地区にいる対独協力主義者の入閣を求め、三ポストを占めるにいたった。四四年六月の連合国軍によるノルマンディ上陸後、ドイツの敗北は明らかであり、八月にはいってラヴァルとペタンはそれぞれ独自に終戦工作を始めるが、両者の試みはともに失敗する。ペタンとラヴァルはド

ドイツ占領時代のフランス(1940〜44年)

イツへ逃れ、ヴィシー政府は崩壊した。

ヴィシー政府の国民革命

敗戦の原因をフランス人の道徳的弱さに求めたペタン元帥は、国民革命によるフランスの国造りを考えた。国民革命のモラルはカトリックに求められた。ペタンも教会も、反キリスト教的教育の誤りがフランスを解体させたという認識で一致していた。「労働、家族、祖国」というスローガンにあるように、国民革命の精神は、青年と家庭と労働という三つの回路をとおして伝えられた。青年と家庭を媒介する装置は学校であった。

学校では共和派の教師は左遷され、祖国と伝統的価値を教えることが求められた。一九四〇年九月にはカトリック教団に教育権が三六年ぶりに与えられ、翌年一月に宗教教育が復活する。こうして政教分離が否定されたが、宗教教育は進捗しなかった。反教権的な対独協力主義者にとって、宗教の過度の強調は承服しがたいからである。この結果四一年三月に宗教教育は自由科目となり、しかも校舎の外で教えることとされた。かくして四一年末までに、公立学校にキリスト教を再導入する教会の試みは失敗したのである。

ついで、ヴィシー政府は「新秩序」の奉仕者として青少年を動員しようとした。「フランスの仲間」が十五歳から十九歳の青年を対象とし、「青年錬成所」が自由地区の二十歳の男子を対象として、隊員に数カ月の集団労働実習を課した。フランスの復興が青年に託される。これらの青年団の日課は軍隊式に編成され、実習は軍事教練を含む屋外作業が中心であったが、入所者の不満は大きかった。なぜなら、粗食のうえに着替えの服もなく、斧やシャベルの道具もないなかで土地を開墾し小屋を建て、納屋の土のうえで眠るという生活を強いられたからである。このように青年運動は、体育や道徳教育や徒弟的鍛錬をとおして、国民革命の担い手となる中堅幹部の養成を目的としたが、しだいに反ドイツ的傾向をおびた青年運動は、ヴィシー政府が期待した成果をあげなかった。

国民革命の思想は家庭をとおしても注入された。ペタンと教会にとって、社会の基礎は家庭にあった。しかるに、共和政下の高い離婚率と低い出生率は家族制度の衰退と思われた。こうして家族を蝕む「諸悪」との戦いが始まる。離婚、堕胎、売春、性病、アルコール中毒などが出生率を下げる因子として槍玉にあげられた。低出生率に敗戦の一因をみるヴィシー政府は、出産率の減少をくいとめるべく「産めよ殖やせよ」の大号令を発し、養育手当の支給、結婚後三年間の離婚の禁止や堕胎罪には死刑をもって臨むなどの法改正をおこなった。また主婦役割と母性が強調され、女性の義務は家庭での育児と家族の世話にあるとされた。

国民革命の第三の回路は労資協調的な同業組合《コルポラシオン》である。個人主義的な社会を共同的で有機的な社会秩序に変えようとした。経済自由主義が否定され、同業組合的経済組織を打ち立てることが主張された。農業を重視したペタン政権は、一九四〇年十二月に農民同業組合を組織して帰農を勧め、帰農者には補助金などのさまざまな恩典を与えた。工業部門では、四〇年八月、近代化論者の指導下に各産業部門に組織委員会(CO)が設けられ、十一月には労働組合や経営者団体が解散された。COは政府委員の統制下で、生産計画の作成、原材料の配分、製品価格の決定、企業運営の方法などを審議した。しかし労資協調というのは建て前であって、労働者はCOの運営には参加できず、政府から任命された経営者代表がCOの実権を握っていた。

このような活動を通じて、ペタンが思い描いていた農民的・職人的フランスとは裏腹な社会が登場した。ヴィシー政府は中小企業や中産階級への依拠を標榜し、体制の教義としては大企業に敵対的であったのに、大企業が栄える経済制度ができあがっていた。COをとおして高級官僚と大企業の経営者が結びつき、高級官僚や工業家によって計画経済が立案され、国民革命は経済面では介入的な国家

ワグラム会館で開催された反ボリシェヴィズム展(1942年3月，パリ)　ヒトラーとペタンが握手するフレスコ画が，おとずれる人々をむかえた。

主導経済に向かう。

対独協力か対独抵抗か

　ヴィシー政府は、休戦協定によって対独協力を義務づけられた。それは、政治、行政、経済、軍事、文化などのさまざまな領域にまたがっていた。政治的対独協力の典型は「ユダヤ人狩り」である。一九四二年七月十六日に、フランス警察がパリに住む一万三〇〇〇人のユダヤ人を逮捕して強制収容所に送った「ヴェル・ディヴ事件」が有名だ。行政的対独協力の例は、一日四億フランの占領費の支払いと「労働者狩り」である。ドイツの労働者不足を補うために、フランスは四三年二月に強制労働徴用を開始し、熟練労働者を含むフランス青年二五万人をドイツへ送り出した。

　経済的対独協力の象徴は、一九四一年七月に調印された航空機の共同生産だろう。軍事的対独協力の先頭に立ったのは筋金入りの対独協力主義者だった。反共フランス義勇軍が組織され、六〇〇〇人ほどのフランス人が東部戦線へ赴いて赤軍と戦った。国内の軍事協力に血眼《ちまなこ》になったのは民兵団である。一万人の兵力をもった民兵団は、親衛隊の手足となって抵抗派を弾圧した。作家、画家、演劇人、映画監督などの文化人がナチズムや反ユダヤ主義の宣伝に動員され、ユダヤ人の著書や反ドイツ的書物が発禁となった。

以上のような対独協力が続けられる一方で、レジスタンスの足並みも徐々に整えられた。第四共和政の母胎となるレジスタンスは、初めから団結してドイツに抵抗したのではない。ドゴールの自由フランスといえども、最初は休戦を拒否する少数の亡命者の運動でしかなかった。本格的にレジスタンスを語りうるのは一九四三年以後のことである。この年になってはじめて、国内の地下活動が統一され軍事的成果をあげうるまでになった。しかし政治目的や社会的利害を異にするレジスタンス各派は、占領軍や対独協力派との闘争という目的では一致しえても、闘争方針を異にし、将来の政治権力への思惑もあってたがいに鎬《しのぎ》を削っていた。

フランス各地で繰り広げられた抵抗運動の組織化に威力を発揮したのは、共産党組織である。独ソ不可侵条約の衝撃と一九三九年九月二十六日の解散命令によって低迷していた共産党は、四一年六月の独ソ戦の開始によって閉塞状態からぬけだし、「国民戦線」を組織して一大勢力にのしあがった。四一年八月に、共産党はパリの地下鉄駅でドイツ軍将校の射殺という最初の「テロ」を加えたが、これは拘禁されている複数の「人質」の処刑という報復を招いた。その後も「テロ」と報復の処刑合戦は続く。

フランス国民に抗戦を呼びかけるドゴール将軍　1940年6月18日，ロンドンのBBCから放送された。

国外レジスタンスの代表は自由フランスである。ドゴールの行動から自由フランスは生まれた。休戦直前の彼は、植民地にフランス政府を移して正規軍による戦いを続ける考えであった。しかし休戦当時のドゴールは無名の軍人であり、孤立無援の戦いを強いられた。米ソも含めた諸外国から正統政府と認められたのは、ヴィシー政府である。それでも一九四〇年中に自由フランスは、兵力と領土と組織と財源の足がかりをえる。それは四〇年六月十八日のBBC放送から始まった。ドゴールはこの日フランス人に抵抗を呼びかけ、兵力結集の試みが始まる。自由フランスの最初の領土はアフリカでえられた。四〇年八月にドゴールは、チャドや赤道アフリカやカメルーンを支配下におさめることに成功する。自由フランスはしだいに国家機構を整備し、独自の兵力と領土と組織と財源をもつにいたったのである。

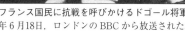

ところが、自由フランスと連合国の関係は順風満帆ではなかった。ドゴールは英米の為政者からのみならず、国内レジスタンスの一部からも野心家とか「ファシスト」とみなされていた。ドゴールは英米両国からつねに過小評価され、アメリカはペタン政府と外交関係を保ちつづけた。ソ連もドゴールを利用はするが、イギリスやアメリカをさしおいてまで厚遇することはなかった。自由フランス軍は北アフリカ上陸作戦でも蚊帳の外におかれ、一連の連合国首脳会談にドゴールは招かれなかった。そこでドゴールは、自由フランスの運動とフランス国内で個別に展開されていたレジスタンスとを結合しようとした。それは、ロンドンにおかれた国民委員会がフランスを代表することを、連合国に認めさせるためにも必要であった。

国内の分散した戦いをひとつにまとめて全国抵抗評議会（CNR）を創設したのが、ドゴールの腹心ムーランである。自由フランスは、資金援助などの財政的圧力によって抵抗組織への影響力を増していた。ムーランは、ドゴール将軍の代理、国民委員会の代表として、一九四二年一月からフランスで活動を始め、翌年一月に南部の抵抗組織を「統一レジスタンス運動」へとまとめあげた。そして、四三年五月二十七日にパリで開かれた会議からCNRが誕生したのである。ムーランは、CNR内に「総合研究委員会」を設置して戦後行政その他の問題を検討させた。CNRは四四年三月に綱領を採択する。経済面では、炭鉱、電力、保険会社、大銀行の国有化とトラストの廃止が求められた。

フランス解放の戦い

一九四三年六月三日にフランス国民解放委員会が組織され、同委員会は「フランスの中央政府である」ことを宣言した。ここにおいて、ロンドンの国民委員会とアルジェの民・軍総司令部の組織的統合がなされた。十月から十一月にかけて解放委員会が改組され、政党とレジスタンスの指導者が加えられ、国内と国外のレジスタンス組織の統一が達成される。十一月三日には、のちの議会に成長すべく抵抗運動諮問議会が召集された。かくしてドゴールは、名実ともにフランスの代表としての地位を獲得する。

一九四四年六月三日、解放委員会は共和国臨時政府を名乗った。ドイツ軍の撤退後、ドゴールはアメリカ軍による軍政を避けるべく一八名の共和国委員を任命し、フランス軍と連合軍の安全の確保や、共和政の合法性の回復や住民の必要を満たす仕事に取り組ませた。ヴィシー政府によって廃止された議会が復活し、各県に県解放委員会が設けられる。四四年三月には、レジスタンスの武装勢力がフランス国内軍(ＦＦＩ)に統合された。六月六日からノルマンディ上陸作戦が始まり、八月二十五日にパリは解放された。

九月九日にパリに帰還したドゴール首班の臨時政府は、秩序の回復と国家の再建に取り組まねばならなかった。それは社会政策と国有化を含むものであり、対独協力企業となった北フランスの炭鉱や自動車メーカーのルノーにたいする懲罰的国有化が進められた。政府は九月にＦＦＩを正規軍に編入し、十月に共産党が力をもつ愛国民兵の解散を命令した。CNRは愛国民兵の解散反対を決議し流血の事態も生じたが、十一月に四年ぶりにソ連から帰国したトレーズ共産党書記長の解散受諾によって緊張も終息した。共産党は合法性を選択し、一九三〇年代の人民戦線の歴史を再開する。

解放の過程で、五〇〇〇人ほどが正規の裁判をへずに復讐行為のなかで殺された。裁判をおこない秩序を確立する必要があった。ヴィシー派を裁判にかけることは臨時政府が取り組むべき重要課題となる。ヴィシー政府の要人は特別高等裁判所で裁かれた。ラヴァルは処刑され、ペタンは死刑判決後、無期禁固に減刑された。一九四五年のフランスは、内政面では経済再建と憲法制定という重要問題をかかえ、外交面では冷戦と植民地の反乱に直面していた。

一九九〇年代の「人道に反する罪」の裁判やカトリック教会の謝罪声明にあるように、今日まで尾を引いているこの時代がなにをもたらしたのかを考えてみよう。第一に、ヴィシーの四年間をとおして政党の再編がなされた。保守政党はヴィシー政府に参加したツケを支払わされて後退し、急進社会党は第三共和政と盛衰をともにし、社会党と共産党の政治力学が逆転した。戦後の社会党は、共産党の後塵を拝し、ミッテランとともに再生するまで三〇年余の雌伏をよぎなくされた。戦後政治の中軸となるゴーリスム(ドゴール主義)の種が蒔《ま》かれたのもヴィシー期である。フランスは、ヴィシーの試練をへて政治家ドゴールをえた。ヴィシーの四年間は、ドゴールがフランスの偉大さの再生という自己の使命に目覚める過程でもあった。かつての大国から中級国家に転落したフランスの統一と国家の威信の回復こそ、ドゴールがめざしたものであり、ゴーリスムとは「偉大さへの意志」にほかならなかった。

第二に、民主化・近代化・計画化を柱とする戦後フランスの経済改革プランがこの四年間に準備された。ＣＮＲの経済綱領がその指針を示した。ヴィシー政権下の経済プランも無視しえないし、ヴィシー政権内のテクノクラートは戦後に本格化するテクノクラシーの母胎となった。第三に、ヴィシーの四年間は人々にトラウマを残した。フランスにとって第二次世界大戦は、フランスとドイツの戦争であっただけでなく「フランス人同士の戦争」でもあった。抵抗派と協力派とのあいだの公然とした争いはいうまでもないが、密告と相互監視による隠然たる争いもあった。このような時代には「沈黙」が生活の知恵となるが、「沈黙」とは感情を抑圧することであり、それだけにフランス人の心理は屈折せざるをえない。今日でも、「ヴィシー症候群」(アンリ・ルソー)が議論されるゆえんだ。このように第四共和政以降の政治的・経済的・社会的布置を決定したのがヴィシー期であった。

5　フランス再生の苦闘

戦後復興期のフランス

第四共和政は、事実上、一九四六年一月のドゴールの首相辞任から五八年六月の首相復帰によって画される一二年間の政体と考えてよいだろう。女性にも選挙権が付与された四五年十月の総選挙で勝利したのは、レジスタンスの正統性を権力資源とした三党(共産党一五九議席、新党でキリスト教民主系の人民共和運動〈MRP〉一五〇議席、社会党一四六議席)であった。第一党となった共産党が外務・陸軍・内務の主要閣僚を要求し、社会党が軍事予算に反対の態度を示して、ドゴールに難題を突きつけた。ドゴールは、これらの要求を受け入れることはできず、第三共和政的な「排他的政党支配体制」(ドゴール)の再現に業を煮やして四六年一月に辞任する。

こうしてドゴールなき三党政府が始まる。国民は第三共和政への復帰を否定したが、一九四六年十月に成立した憲法は第三共和政と変わりばえのしないものであった。三党政府がフランスの舵取りをするが、四七年五月に共産党が政権から排除されて以後、社会党とMRPと中道諸派の連立内閣がフランスを率いた。いわゆる「第三勢力」の時代である。しかし、カリスマをもつドゴールと大政党に成長した共産党が野にくだった政体は、第三共和政同様に不安定で、一二年間で政府交替は二四回におよんだ。与党は親米反共という点では一致しえても、政教分離問題で社会党とMRPが対立し、経済問題ではディリジスム(計画経済)を支持する社会党とそれに批判的な急進社会党など、与党内部の凝集力は弱かった。それでも四五年末から四六年にかけて、フランス銀行と四大預金銀行、電力、ガス、石炭、保険会社の国有化が決められた。

戦後の諸国家は冷戦と無関係には生存しえない。一九四六年三月にチャーチルの「鉄のカーテン」演説があり、翌年三月にはトルーマン・ドクトリンが発表されて、共産主義との対決が宣言され冷戦が本格化した。四八年にはベルリン封鎖がおこなわれ、五〇年には朝鮮戦争が勃発する。冷戦という文脈のなかで、フランスはパンの問題を解決せねばならなかった。戦後の耐乏生活は、日中の停電生活や衣料や食糧の配給制にあらわれているが、パンの一日の配給量はなんとナチ占領期より下回っていた(四七年五月で一日二〇〇グラム)。フランス政府はアメリカからの援助によってこの危機をきりぬけようとし、四六年五月のブルム訪米によって二六億ドルの援助をえた。

しかし、小売物価が一九三八年の一〇倍にはねあがるという天井知らずのインフレにたいして、四七年四月に賃上げを求めてルノー工場がストライキにはいる。共産党系のCGTもストライキを支持した。与党の共産党は、政府の賃金凍結政策に反対票を投じて「護民官」の役割に立ち返った。そこで五月に、社会党のラマディエ首相は共産党閣僚を排除した。こうして、臨時政府期から続いてきた三党の協力体制は解体する。CGTも四七年末に分裂し、反共派がCGT‐FO(労働者の力)を結成

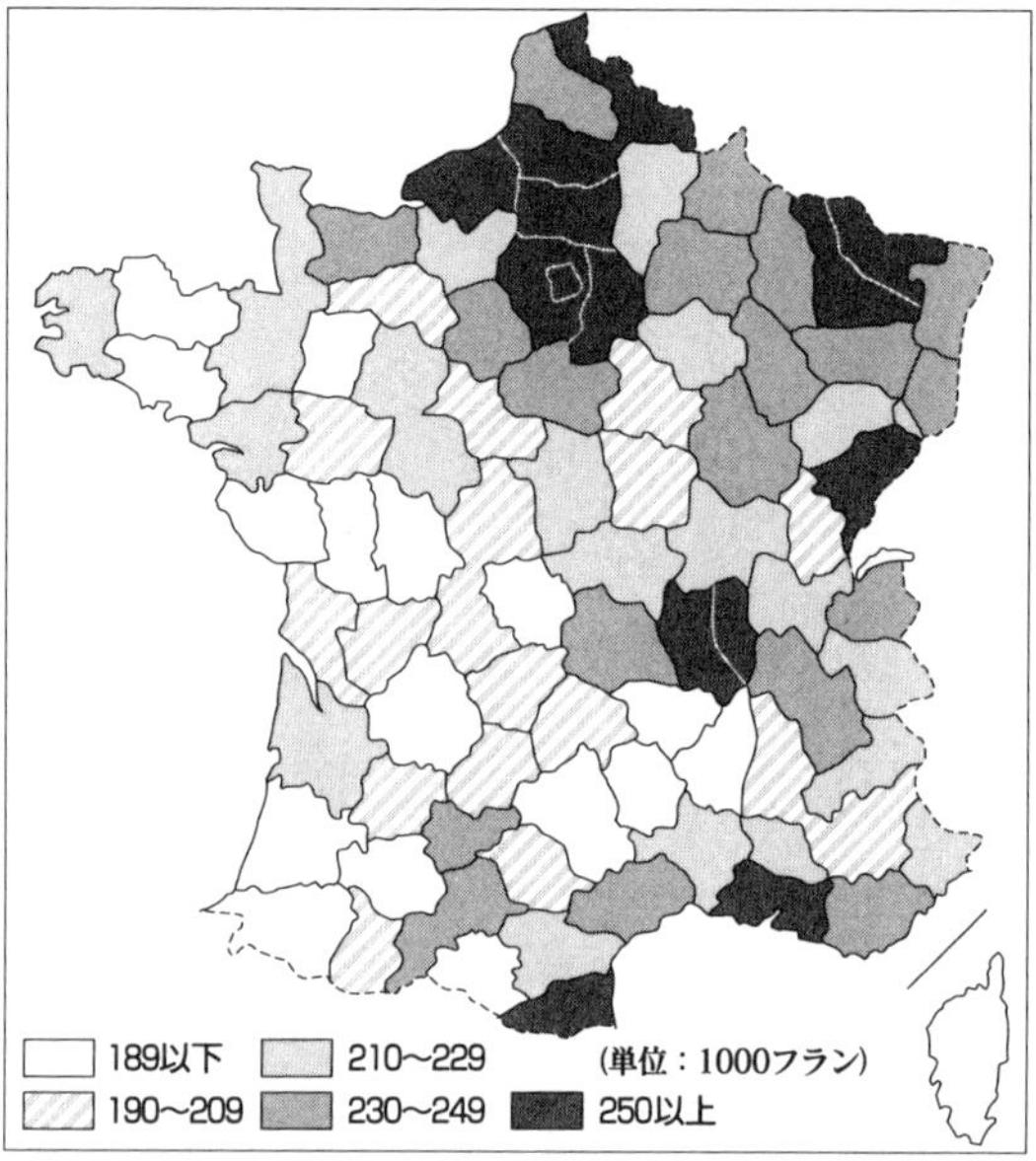

1954年の県別個人所得

した。ドゴールが四七年四月に結成したフランス国民連合（RPF）が保守派の不満票を吸収して大躍進をとげるのは、同年十月の地方選挙においてである。

一九四七年六月にアメリカは、西欧の経済復興のためにマーシャル・プランを公表した。フランスは、戦後復興計画（モネ・プラン）を同年一月に実施していた。モネ・プランとは、ジャン・モネを中心に立案された生産設備の近代化や労働生産性の向上をめざす四カ年計画であり、ヴィシー政府の官僚が作成した設備投資計画も参考にされていた。この修正モネ・プランがマーシャル・プランの受け皿として利用された。アメリカが援助をはやめた理由は、マーシャル・プランからのソ連圏の離反と共産党の勢力拡大への脅威であった。この結果、国際収支の赤字は、四六年の約二〇億ドルから五〇年の二億三〇〇〇万ドルへと大きく減少した。年平均成長率が五％台という「繁栄の三〇年」が始まる。五四年には経済は戦前の水準を上回り、戦中を想起させる物不足は過去のものとなった。それに出生率が上向いたことは希望につながった。人口増加は、消費の拡大と経済の回復につながるからである。

ドイツ問題

ドイツ問題とは、一九二〇年代と同様に経済問題と安全保障のことであった。経済問題は、ザールやルールの石炭をとおしてドイツ問題とリンクしていた。しかも、それはヨーロッパ統合の問題として提示された。石炭と鉄の産地のルールは、モネが各国の保護主義への傾斜を阻止して共同で資源を管理する国際機関を構想した地域である。最終的にはドイツの要求で、ルール地方だけではなくてフランス、ベルギー、ルクセンブルクの炭鉱と工業地帯をも包含する国際機関となったが、この構想は五〇年九月にシューマン・プランとして提示され、五一年にヨーロッパ石炭鉄鋼共同体として六カ国（フランス、ドイツ、イタリア、ベネルクス三国）によって批准された。その後もモネはヨーロッパ統合に尽力し、五七年には社会党のギ・モレ政権下でヨーロッパ原子力共同体とヨーロッパ経済共同体（EEC）の結成に導き、両組織は五八年の元旦から発足した。加盟国間の共通関税や人・もの・サーヴィス・資本の自由移動を謳《うた》うEECは、フランスの農業とドイツの工業の利害を調整する共同市場として出発したのである。このヨーロッパ統合を推進した政党はMRPであった。

安全保障は西ドイツ（ドイツ連邦共和国）の再軍備問題として焦点化された。対ソ軍事同盟である北大西洋条約機構（NATO）を一九四九年四月に設立したアメリカは、朝鮮戦争の勃発によって西ドイツの再軍備にゴー・サインをだした。この問題は米仏関係を緊張させた。なぜなら、フランスにとってドイツ再軍備はナチスの亡霊の再現であり、とうてい承服できない問題であったからである。そこでフランス政府は、五〇年十月に単一のヨーロッパ軍（ヨーロッパ防衛共同体〈EDC〉）の創設をめざすプレヴァン・プランを提出した。フランスは、ドイツの再軍備問題も石炭鉄鋼共同体と同様に、ドイツを国際機関のなかに引きずり込むことで統制しようと考えたのである。EDCは経済共同体の軍事版として提案されたが、十二月にNATOは西ドイツの欧州軍参加を承認した。ドイツとの平和条約と並行して交渉が進められたEDCは、アメリカ、イギリス、フランスが平和条約に調印した翌日の五二年五月二十七日に西欧六カ国の合意をえて成立し、西ドイツの再軍備が承認された。

しかし、EDC構想はフランスの国家主権の制限とドイツの再軍備承認を意味したので、フランス議会から猛反対された。EDC条約はドゴールにも反対され、一九五四年八月に議会が批准を拒んだために流産してしまった。ドゴールは、国家主権に縛りをかけるヨーロッパ統合には基本的に反対であった。それに五四年秋には、元フランス駐屯ナチ親衛隊司令官の裁判が開かれ、フランス人の反独感情は高じていた。フランスは自ら提起した条約を自らほうむりさるという外交上の失態を演じたが、五四年十月に西ヨーロッパ連合条約(WEU)に調印して西ドイツの再軍備を承認し、外交的孤立をまぬがれたのである。

ドゴール派と共産党という左右の反米反体制政党のあいだで、中道諸派は第四共和政の擁護と親米反共路線を選択し、経済政策や欧州政策では比較的成果をあげたといえる。この結果、ドゴールのRPFは政治的活力をそがれ、一九五三年に解散に追い込まれてしまった。しかし、「第三勢力」にとって躓《つまず》きの石は植民地からやってきた。とくに地中海の対岸から上がった火の手が、第四共和政に致命傷を与えた。

脱植民地化の苦悩

植民地は、フランスにとって「帝国」たるゆえんのものであり、「フランスの偉大さ」の一要素であった。一九四四年一月のブラザヴィル会議は、植民地の自治の拡大を謳いはしたが、独立については否定した。四六年憲法の前文も植民地解放を謳わなかった。海外県や海外領土をあわせて「フランス連合」を名乗った第四共和政は、本国の権限の優越を前提としていた。そもそも、植民地化とはフランス人の意識のなかでは文明化に等しく、使徒的な使命感が働いた。つまり植民地化に反対することとは、普遍的な「文明」に反逆することであった。文化の伝播者としてのフランス帝国主義を批判することは、フランス版中華思想にそまったフランス人には不可能といってよかった。植民地の独立運動は文明国フランスへの反抗であり、抑圧されるべきものであった。左翼すらこの例外ではない。このため、植民地主義の清算という点でフランスはイギリスやオランダよりも遅れをとり、アルジェリア独立戦争という国家的危機をむかえたのである。それでは、「帝国意識」の深淵を垣間みせたベトナムとアルジェリアについてみてみよう。

ベトナムでは、第二次世界大戦終結直後からベトナム独立同盟がハノイで蜂起し、ホー・チ・ミンが大統領となる国家が一九四五年九月に成立していた。パリ解放の先陣を切ったルクレール将軍は、ミズーリ艦上で日本との降伏文書に調印するやインドシナに赴き、四六年三月にフランスとベトナムのあいだで暫定協定が成立した。ベトナムはフランスの存在を容認するかわりに、国家の統一と「フランス連合」の枠内での自治が認められた。この解決策は、現地の植民地主義者には過度の譲歩と映った。協定に反発するサイゴンの高等弁務官ダルジャンリュー提督は、六月にコーチシナ自治共和国を宣言して反抗する。ホー・チ・ミンとの会談も決裂し、四六年十一月にフランス艦隊がハイフォンを艦砲射撃して第一次インドシナ戦争が勃発した。四九年三月にフランスは、日本軍が傀儡《かいらい》政権の頭として利用した皇帝バオ・ダイを再登板させて植民地の維持に腐心したが、同年十月の中華人民共和国の成立は独立派を勢いづかせた。

一九五〇年に社会党を政府から追放した中道右派政権は、泥沼化したインドシナ戦争を解決しえなかった。五四年五月にディエン・ビエン・フーの戦いでフランス軍が大敗をきっすると、翌月、即時休戦を訴えるマンデス・フランスが首相となった。彼は「統治することは選択することだ」と主張して、巨額の予算と兵力を投入する軍事的勝利の道か、交渉による解決の道かの選択を国民に迫った。アメリカから財政支援をえていたとはいえ、戦費という財政負担にフランスはたえきれなくなっており、赤字をふやすだけの植民地の切離しや対米自主外交が志向された。かくして七月にジュネーヴ休戦協定が成立し、ベトナムの独立が承認されたが、ベトナムは北緯一七度線で暫定的に分割されることにもなる。フランス軍のインドシナからの撤退が始まるのは五六年四月のことだが、インドシナ戦争は、フランス人の「帝国意識」に楔《くさび》を打ち込む事件となった。

アルジェリア問題

インドシナ戦争を解決に導いたマンデス・フランスのショック療法は、アルジェリア独立戦争を勃発させていた。マンデス・フランスがチュニジアについでアルジェリアの改革を容認したため、彼は独立反対派の集中砲火をあび、一九五五年二月に退陣をよぎなくされた。このようにインドシナ戦争が終結した五四年は、アルジェリア独立戦争が再開した年でもあった。すでに四五年五月、アルジェリア北東部のセチフでおこなわれた第二次世界大戦の終戦を祝うデモが独立を求める蜂起に転化し、ドゴールの臨時政府は軍隊を投入して約四万人のアルジェリア人を殺害していた。再開された反仏武装闘争にたいしても、社会党のギ・モレが率いるフランス政府は強硬策に終始した。五六年十月に、アルジェリア民族解放戦線（FLN）のリーダーがのった飛行機を強制着陸させて逮捕したり、ナセル大統領のスエズ運河国有化に反対しておこなったスエズ派兵も、FLNを支持するエジプトへの制裁という意味があった。また、パラシュート師団（パラ）を用いて鎮圧に乗り出したフランス軍の拷問や殺害をともなった「尋問」の残虐さは、アンリ・アレッグによる同名の書物（『尋問』五八年）で広く知られるところとなり、国際世論の非難をあびた。

一八三〇年にフランス領となったアルジェリアでは、一〇〇万人の白人入植者が九〇〇万人のアルジェリア人を支配していた。全国抵抗評議会の第二代議長を務め、一九五〇年に首相になったビドーや前アルジェリア総督のスーステルも、「フランスのアルジェリア」を叫んでのちにドゴールと対立する。右派ゴーリストのスーステルは、アルジェリア蜂起の黒幕の一人である。政府のアルジェリア政策を批判したのは、サルトルやモーリアックやアロンらごく少数の知識人であった。サルトルは、アルジェリアにおける一切のフランスの事業が、ただ「植民者の利益のために遂行されてきた」事実を糾弾した。アロンは『アルジェリアの悲劇』（五七年）のなかで、アルジェリアの放棄とアルジェリア在住フランス人の引揚げを主張していた。

フランス政界も混迷を深め、政権が一カ月空位状態にあったさなかの一九五八年五月十三日、フランス人入植者と学生が、白人の既得権を守るためにアルジェで決起した。パラ指揮官のマシュー将軍やインドシナ戦争時の司令官サラン将軍などのフランス軍将校も反徒と合流し、右翼的な公安委員会が組織される。五月二十四日、反乱軍はコルシカに進駐し、フランス本土をもうかがう構えをみせた。アルジェリアにはフランス本土の二倍の軍隊がいた。首謀者は、ドゴールに「フランスのアルジェリア」を擁護するために政権を担うように求めた。五三年以来郷里に隠棲して、『大戦回顧録』(全三巻)の執筆に専念していたドゴールも、内戦の危機の前で「共和国の権力を引き受ける用意がある」と声明する。こうした圧力を背景に、六月一日、ドゴールは共産党を除く挙国政府を組織するが、主要閣僚はアルジェリア独立容認派であった。

ドゴールの再登場は、一九四〇年六月との類比で眺められた。国難に陥ったフランスの救済がドゴールに託される。ドゴールの関心は国家の威信の回復にあった。半年間の全権をえたドゴールは、五八年十月に執行権を強化し議会の権限を弱体化した第五共和政憲法(たとえば一六条の大統領の緊急措置発動権)を公布し、十一月の選挙でドゴール派の新共和国連合(UNR)が過半数の議席を確保した。イデオロギー対立と多党制による連合政治を政治文化としてきたフランスに、はじめて多数派による議会政治がもたらされた。翌月に彼は、「共和政的君主」ともいいうる権限をえた大統領に選出されて、アルジェリア問題に本格的に取り組む。それは、第五共和政が最初に解決すべき課題であった。

ドゴールは、民族自決を認めない反乱将軍をあいついで解任し、「フランスのアルジェリア」派のスーステルを情報相として閣内に取り込んだが、一年余りで罷免し、アルジェリア放棄を鮮明にした。

アルジェ蜂起後，北アフリカをおとずれたドゴール（1958年9月）

一九六〇年十一月にドゴールの口から「アルジェリア共和国」ということばが発せられ、翌年一月におこなわれた国民投票によってアルジェリアの独立が承認される。反乱軍にかつぎだされたかにみえたドゴールは、反徒に肩すかしをくわせたのである。しかし、ドゴールも最初からＦＬＮによる民族自決を考えていたわけではない。彼は、五八年に発足した「フランス共同体」の枠内でフランスと緊密に連合したアルジェリア自治政府を望み、同年十月、ＦＬＮに「勇者の平和」を提案しもしたが、独立派に有利な状況がドゴールに譲歩を強いたのである。

独立への流れを押しとどめようとあがく青年将校団が、一九六一年四月に決起したいわゆる「将軍フロンド」事件は残り火であった。今度は大半のフランス国民がドゴールの側にあり、フランスの脱植民地化は後戻りできない地点を突破した。六二年三月、エヴィアン協定が結ばれてアルジェリアの独立が正式に承認される。同時にドゴールは、アルジェリアの軍事基地の使用を認めさせ、サハラの石油利権の半分をフランスのために確保し、入植者の財産も保証させるという老獪《ろうかい》さも示した。こうして、ゴーリスムの「アルジェリア時代」が終わるのである。

6 共和主義の深化と揺らぎ

ドゴールのフランス

アルジェリア独立戦争が終結した一九六二年は、国会議員と地方議員による間接投票から国民の直接選挙へと大統領選出方法が改正され、人民投票的大統領制が誕生した年である。それは、政党のうえに超然と立つドゴールの政治手法の表れであった。六二年四月にドゴールは、国務院からロスチャイルド銀行に天下っていたポンピドゥーを首相に指名して政党政治に挑戦していた。小選挙区二回投票制による同年十一月の選挙でもドゴール派が圧勝し、ゴーリスト政党が「支配的政党」として大統領を支える体制が築き上げられた。議会多数派の指導者としてのドゴール時代が始まる。

ドゴールがアルジェリア危機を乗りきって秩序を回復するにつれて、外交・軍事・経済の三面で「フランスの偉大さ」の再生を求めるゴーリスムが前面に登場した。三本の政策を束ねる原理は、イギリス、アメリカ、ソ連と協力はするがけっして依存せず、フランスの自立を確保することであった。一九五九年に出版された回顧録のなかで、ドゴールは西欧を米ソに対抗しうる「第三勢力」に引き上げることを語っている。すべては「フランスの偉大さ」の回復に注がれた。脱植民地化もその観点からとらえられた。脱植民地化は民族解放という時代の趨勢《すうせい》ではあったが、そこには周到なドゴールの戦略があった。米ソに対抗しうるフランスの地位を確保するために、第三世界の民族解放運動を支持してフランスへの信頼を獲得することが狙いであった。また、フランス外交の伝統ではあるが、ソ連に接近した。六〇年にドゴールがフルシチョフをパリにむかえたのも、成功はしなかったが対米交渉でソ連カードを活用しようという表れである。

しかし、一九六一年のベルリンの壁建設や六二年のキューバ危機以後の米ソ平和共存によって仏ソ接近のうま味がなくなるや、一転して六四年一月に中華人民共和国を承認した。先進国のなかで中国を真っ先に承認したのも、中ソ対立や米中間に国交がない時代におけるフランスの対米・対ソ戦略であった。その後も、六六年六月にドゴールがソ連を訪問して仏ソ友好に一役かったり、アメリカのベトナム戦争を批判し、その調停役をかってでたりもした。こうした第三世界や東欧諸国との接近というドゴール外交は、左翼的政策の代行でもあり、フランス左翼の力をそぐことにつながった。このような全方位外交は、ヨーロッパ大陸におけるフランスの地位の確立と超大国アメリカからの自立路線から生じた。国益を根幹にすえた柔軟なリアリズムないしプラグマティズムが、ドゴール外交の神髄であった。ドゴールのアングロ＝サクソンぎらいは、第二次世界大戦中に強められたものである。彼は、大戦中、「主権国家フランス」の代表として遇されないことに立腹していた。ドゴールの独自路線の原体験には、このような傷つけられた誇りがあった。

ドゴールの全方位外交を支えたのは軍事力である。ドゴールは、国際秩序を維持しその権威を保障するには武力が必要だと語っている。彼の国防政策の特徴は外交と軍事の有機的結合にあったが、国防面でも国家の自主性を失わせる政策は否定された。ドゴールにとって、現代における軍事的自主性とは核開発と核兵器の所有であった。軍事的自立がフランスの核武装へと突き進ませたのである。一九六三年に核実験停止条約の調印をフランスが拒んだのも、米ソによる核独占への批判からである。ドゴールは五八年に核武装を主張していたが、フランスの原爆実験は六〇年二月にサハラで成功をみ、水爆実験は南太平洋のムルロア環礁で六六年七月におこなわれた。それ以来フランスの核実験は、ミッテラン政権の晩年（九一年三月～九五年五月）を除き、シラク大統領がムルロアでの実験を停止する九六年一月まで続けられたのである。

一九六三年は、このようなドゴール外交の独自性が全面開花した年である。この年、NATO（北大西洋条約機構）からのフランス軍の戦時離脱が宣告された。すでに五八年九月に、ドゴールは英米首脳に「NATOがもはやフランスの国防上の必要にこたえていない」と宣言し、フランスにもイギリスやアメリカと対等の立場でNATOの決定に参画させるよう要求していた。同盟は対等かつ双務的なものであらねばならないからである。NATOは東西の緊張が緩和したなら、アメリカへのヨーロッパの従属となると考えられた。したがってNATO統合司令部からの脱退は、フランスの政治的・軍事的行動の自由の回復だと位置づけられた。六九年に、NATOからのフランス軍の離脱が完了する。しかしドゴールが、「アメリカの保護国となることは拒否したけれども、その同盟者となることには同意」していたことを忘れてはならない。フランスがNATOに部分復帰するのはポスト冷戦期の九六年、完全復帰するのは二〇〇九年のことである。

繁栄の光と影

対米自立は経済的自立でなければならない。ドゴールは、一九五八年のフランスが「破産寸前」にあったと語ったが、実際にはマーシャル・プランによる重化学工業の近代化により、経済は上昇過程にあった。そのうえ、植民地戦争の終了で、無益な戦費を近代化にまわすことができた。採算のとれないアルジェリアを放棄したことは、経済合理性にかなっていた。ドゴール政権が誕生する年にEECも発足していた。国家主導のディリジスム(計画経済)によって工業の近代化を推進する。五八年十二月に、ドゴールは新経済政策を発表した。それは、エネルギー資源の開発、産業設備の近代化、公共投資の増額、EEC諸国との協調、フランの安定、最低賃金の引上げなどの内容をもっていた。第三次経済計画が始まる。「偉大さ」の要素として、工業力が植民地にとってかわったのである。

ＥＥＣはフランス経済に利益をもたらしつつあった。ドゴールは一九六〇年九月の記者会見で、政治・経済・文化・防衛の各分野における西欧の協力を述べ、関係各国政府による継続的協力体制、政府に従属した特別機構、各国の議会代表からなる議会、広範囲のヨーロッパ国民投票などを提起していた。経済統合から政治統合への転機がおとずれたかのようであったが、ドゴールは六二年五月の記者会見では、「統合されたヨーロッパ」は外部の何者かに依存するようになるだろうとアメリカの存在をほのめかした。またイギリスのＥＥＣ加盟は、ヨーロッパ統合の基盤の強化につながるとされたが、ドゴールはイギリスをアメリカの「トロイの木馬」とみなしていた。ドゴールは、六三年一月に「ヨーロッパにはイギリスの席はない」とイギリスのＥＥＣ加盟を拒否し、彼の存命中にはイギリスの加盟は実現しなかった。その後もドゴールは、六五年にブリュッセルの委員会からフランス代表を退席させて、統合の道に障害となったのである。

(1938年＝100)

	国民所得	工業生産	輸出	輸入
1926年	105	137	147	104
1928	108	121	163	108
1929	119	133	162	124
1930	118	133	145	134
1938	100	100	100	100
1946	83	84	44	115
1947	90	99	78	108
1948	96	113	81	98
1949	109	122	119	100
1950	118	128	161	104
1955	147	172	224	144
1960	186	242	327	204
1965	246	310	449	327
1970	333	411	743	581

戦前・戦後の主要経済指数(1926〜70年)

ヨーロッパ統合の渦は着実に広がっていたが、主権国家の枠を死守しようとするドゴールにとって、渦の中心にフランスがいない超国家的統合はありえなかった。ドゴールはヨーロッパ統合ではなく、ヨーロッパの国家連合を提唱していた。他方でドゴールは、アデナウアー西ドイツ首相が提唱した独仏条約を一九六三年に締結し、フランスは六〇年代の高度経済成長をとげる。ドゴールは政治統合には批判的であったが、フランスの市場拡大と生産力の上昇のためにドイツと手をくんだ。EECもフランスの力に役立ち、ドイツをおさえておく手段として利用された。パリ゠ボン枢軸とか仏独蜜月と形容される仏独関係は、ドゴールなきあとに始まるが、経済統合の進展とともにフランス経済の脱植民地化が進み、フランス経済のヨーロッパ化が進む。農作物を中心に、EEC域内へのフランスの依存が高まった。六七年にEECはヨーロッパ共同体(EC)となって発展的解消をとげた。

ともあれ、アルジェリア危機を解決したことでドゴールのカリスマ性は増した。しかし一九五八年以後のドゴールの政治は、植民地主義者の反発をも生み、六二年八月にドゴール暗殺未遂事件が起きた。それでもドゴールの権力復帰後数年で、フランスは安定し強大化したといってよい。ドゴールのもとでフランスは先進産業社会へと歩を進めた。しかしその背後では、国会議員でもない財政テクノクラートのポンピドゥーが首相に抜擢されたように、高級官僚による管理社会化が進行していた。高級官僚を養成していたのが、四五年に設立された国立行政学院(ENA、二〇一九年にマクロン大統領が閉校を宣言)である。ENA出身者は、「文化資本」(ブルデュー)の相続をとおして階層の固定化や階

「パリ五月事件」(1968年５月)　学生と労働者のデモが，パリの通りを埋めつくした。

級構造の再生産に貢献し、閉塞社会の一因となった。大臣と国会議員の兼職禁止という憲法二三条に反しないとはいえ、六七年の選挙で落選した二名の大臣が留任し、ドゴールの議会軽視は続いた。

また、高度経済成長から「取り残された地域」や「取り残された階層」が生まれていた。それは、ブルターニュ地方のサン・マロとジュネーヴを結ぶ線で区切られる地域間の経済格差や文化格差となってあらわれた。いわゆるフランスにおける南北問題、国内植民地問題である。経済成長は、小農や小商人などの伝統的中間層の没落をもたらしていた。一九五〇年代中期、反税闘争を契機に一時期政界に進出したプジャード運動は、社会的落伍に脅える伝統的中間層の支持を集めたのである。

インフレをおさえるための賃金抑制策は国民の不満の種であり、貧富の差は縮まらなかった。高学歴化が進み、学生人口は一九五七〜六七年のあいだに三倍強の四八万人にふえたが、制度は基本的には一八九六年のままであった。一九六八年五月のパリ大学の学生「反乱」と労働者による自主管理の要求および一〇〇万人規模のデモ(「五月事件」)は、官僚制と家父長主義のくびきにつながれた「閉ざされた社会」(ミシェル・クロジエ)への異議申立てとなった。五月危機を議会解散で乗りきり、単独過半数の議席を獲得したドゴールも、秋の通貨危機に際しては、合理的なフラン切下げを「フランスの偉大さ」の切下げだと拒んで経済界からも見放された。彼は、六九年の地方制度と上院改革にかんする国民投票で敗退して、同年四月に退陣する。ドゴールが国民投票の結果を尊重して辞任したことは、批判もあった第五共和政憲法体制への信頼につながった。七〇年十一月にドゴールが死去し、ドゴールなきゴーリスムの時代が始まる。フランスは、カリスマ的政治から多数派形成による議会政治へと舞台を移すのである。

ポンピドゥーからジスカールデスタンへ

ドゴール派のポンピドゥーから独立共和派のジスカールデスタンへと大統領のバトンが渡されるにつれて、ドゴールの自民族中心的立場が軌道修正されてヨーロッパ統合の進展をみ、アメリカとの協調も深められた。イギリスのEC加盟が承認されたのは、ポンピドゥー時代の一九七二年のことである。ポンピドゥー時代は、七三年に突発した石油ショック後のスタグフレーション(不況下のインフレ)によって景況に陰りがで始めた七四年四月に大統領が不帰の人となって終わりを告げた。後任の非ドゴール派のジスカールデスタンは、ドゴール派のシラクを首相にすえてドゴール派を政権に取り込んだ。

ジスカールデスタン大統領は、「新大西洋主義」を掲げて対米接近を促進し、西ドイツのシュミット首相とともにヨーロッパ統合を進め、一九七五年には先進国首脳会議の開催を提唱して国際協調に一役かった。内政面では「組織された自由主義」を謳《うた》うが、石油ショック後の公共料金の値上げや緊縮政策は国民の不満をかうことになる。七四年から八〇年の物価上昇率は年平均で一一%に達し、失業者数は七四年の六六万人から八一年五月には一八〇万人にふえた。また、選挙権を二十一歳から十八歳に引き下げて六八年世代の要求に応えたり、「女性省」を設けて七五年には人工妊娠中絶を合法化するなどのリベラルな政策をとったことは、保守派の反発をかった。

首相権限の拡大をめぐってドゴール派のシラクと非ドゴール派の大統領との対立が表面化したため、シラクは一九七六年七月に解任され、十二月に共和国連合(RPR)を旗揚げして保守派の結集をめざした。ジスカールデスタンも、RPRに対抗するかたちで七八年二月に中道勢力を糾合してフランス民主連合(UDF)を結成するが、中央アフリカのボカサ皇帝からジスカールデスタンにおくられたダイヤモンド事件などが政治不信を高めた。七四年の大統領選挙で左翼候補のミッテランは敗れはしたが、四二万票差という僅差までジスカールデスタンを追いつめていた。七七年三月の市町村会議員選挙でも左翼の上げ潮が確認され、七八年の総選挙で左翼の優位が予想された。

一九六〇年代の一連の総選挙で三割をこえる支持を集め、とりわけ労働者からも三割近い票を獲得していたゴーリストの集票能力に陰りがみえ始めた。ゴーリストを離れた労働者票は社会党に向かう。六〇年代の高度経済成長によって、フランスの社会職業構造に変化が生じていた。農業従事者と商工業自営業者が減少し、「上級幹部職・自由業」と「中級管理職・事務販売職」という二つのカテゴリーがふえた。これらカテゴリーの成員のなかに社会党支持者がふえるのである。それに七三年の石油ショック以後、政治の争点が変わったことも大きな理由だろう。六〇年代の政治制度や外交政策や経済成長の問題から、七〇年代の失業や弱者救済や富の公正な再配分などの社会的公正の問題へと、争点が変化したのである。それは、左翼が得意とする政策領域であった。ゴーリスムは、憲法や大統領公選制などの政治制度やアルジェリア問題のような外交政策には強いが、経済社会問題には弱かった。七六年のフランスは、先進国のなかで、もっとも貧富の差のはなはだしい国になっていた。

一九七〇年代のフランス左翼は、六八年の「五月事件」と六月の総選挙敗北の痛手から立ち直りつつあり、あらたな胎動が始まっていた。七〇年代初期に「ユーロ・コミュニズム」ということばがマスコミでもてはやされてはいたが、共産党は、六八年八月のワルシャワ機構軍によるチェコスロヴァキア侵入事件のあおりを受けて支持を減らしていた。他方、社会党の諸潮流は七一年六月にエピネーで党大会を開催し、新生社会党として中道左派出身のミッテラン第一書記のもとに団結して生まれ変わっていた。社会党は、自主管理社会主義を掲げ、六八年の「五月事件」の影響をにじませた。これ以後、社共の政治力学が逆転する。七二年に締結された社共の共同政府綱領も、自主管理か集権的人民政府かなどの見解の相違があったこともあるが、社会党を利するだけの綱領に共産党が反旗をひるがえしたため、七七年に共同政府綱領はご破算となり、七八年の総選挙で左翼は敗退した。

それでも、資本主義の浪費や環境破壊に警鐘をならして「暮しを変えよう」(一九七二年)と訴え、「社会主義プロジェクト」(八〇年)によって、完全雇用(「失業との闘い」)や税制改革や分権などを提案する社会党が有権者を引きつけたのにたいして、共産党は七九年のソ連軍によるアフガニスタン侵攻をも支持して「モスクワ教会の長女」ぶりを遺憾なく発揮し、支持者がどんどん離れていった。かくして、保守二大政党の角逐と国民の経済社会政策への不満がつのり、八一年のミッテラン社会党政権誕生の環境が整備される。

ミッテランのフランス

第四共和政下でたびたび大臣を務めたミッテランは、すでに一九六五年の大統領選挙でドゴールと、七四年にはジスカールデスタンと決選投票を争っていたが、三度目の大統領挑戦で宿志を達した。八一年五月のことである。ドゴールの第五共和政に反対票を投じた人物が大統領職を手中にした。以後ミッテランは、二期一四年大統領を務めることになる(二〇〇〇年に大統領の任期を七年から五年に短縮

大統領に当選後，パンテオンに詣でるミッテラン（1981年５月21日）　中央がミッテラン。左端には旧西ドイツ首相ブラントの姿もみえる。

することが決まった）。

一九八一年六月の総選挙では、社会党系が大統領選の余勢をかって単独過半数の二八五議席を獲得し、大統領の与党が誕生していた。議席を四四に半減させた共産党は入閣することで影響力を維持しようとし、逆に、社会党のモーロワ内閣は共産党の政府批判を封じるためにも四名の共産党員を入閣させた。財政赤字に苦しむ先進国が、ケインズ政策から袂別《べいべつ》して「小さな政府」へと舵を切ったのにたいして、ミッテラン政権はケインズ政策による「大きな政府」をめざし、財政出動と所得再配分政策をとった。最低賃金や諸手当・各種年金を引き上げ、公共部門で一四万人の雇用を創出し、その財源として国債以外に富裕税という左翼政権らしい政策を導入した。八二年には、労働者の職場での権利拡大をめざすオルー法が制定された。さらに化学や電気関連の産業や銀行の国有化を推し進め、五週間の有給休暇や死刑廃止も決められた。しかし、失業、物価、貿易収支は改善せず、左翼政権をきらう資本の流出もあり、「大きな政府」

の実験は失敗に終わる。八二年六月には、インフレ抑制策として緊縮政策に転じざるをえず、賃金・物価の凍結政策を打ち出した。ミッテランは、八四年七月に弱冠三十七歳のファビウスを首相に指名して軌道修正に乗り出す。「小さな政府」をめざす政府には共産党の姿はなかった。ファビウスも失業を減らすことはできず、八五年には失業者は三〇〇万に達していた。

かくして、県ごとの比例代表制でおこなわれた一九八六年三月の総選挙で社会党は後退し、保守派が勝利した。共産党の得票率は一〇%を割って三五議席しか獲得できず、マグレブ諸国からの移民排斥を唱える極右の国民戦線(一九七二年十月に結成)が躍進して共産党と同数の議席を獲得していた。ミッテランはドゴール派のシラクを首相に指名し、保革共存政府が誕生する。大統領と首相とのあいだで、外交と国防は前者、内政は後者と分業が成立し、懸念された統治機構上の混乱は生じなかった。大統領権限の強い政体である第五共和政は、これまで三度の保革共存(ほかの二回は九三年のバラデュール内閣と九七年のジョスパン内閣)を体験したように、その憲法システムが柔軟性をもち、政治状況の変化に対応しうることを証明したといいうる。

シラク内閣は民営化と規制緩和を推進し、新自由主義の経済運営をおこなった。減税が実施され富裕税が廃止された。しかし、一九八六年末の大学改革とリセ改革には、大学間格差の拡大や経済負担の増大などに批判が集まり、死者をもだす反対デモの末に撤回をよぎなくされた。さらに、公務員給与の凍結と若年最低賃金の引下げをともなうシラク首相の超緊縮政策は国民の反発をかい、八八年のミッテラン再選へと道を開くことになる。

ミッテラン外交の特徴は第三世界重視であるが、前政権同様に対米協調や米ソとの等距離外交、それに仏独枢軸によるヨーロッパ統合をも外交指針としていた。仏独蜜月は、パリ解放五〇周年にあたる一九九四年七月、旧敵国ドイツ軍に五〇年ぶりのシャンゼリゼ行進を許したところにもあらわれている。シラク大統領もヨーロッパ統合派でありミッテランとの差はない。核政策も、八五年の「虹の戦士号」の爆破事件から、九五年から九六年にかけてのシラク政権下での核実験まで一貫している。「虹の戦士号」事件とは、ムルロア環礁での核実験に抗議して繰り出した環境保護団体の船が、ミッテラン政権の諜報組織とかかわる人物により爆破された事件である。違法行為であるにもかかわらず、フランスの与野党ともに政府を支持した。核政策については左右の違いはなく、核による侵略の抑止という考えが今も根強く存在するのである。

ここで再度内政に目を転じて、共和国の価値ともかかわる政教分離問題に一瞥《いちべつ》を加えよう。現代でも政教分離はなおホットな争点である。とくに教育の分野でそれがいえる。一九八三年末のサヴァリ教育相による私立校の公立校化をめざす法案は、カトリックを中心とした私学関係者の激しい反対にあって撤回せざるをえなかった。これと逆のケースが、九四年のバラデュール保革共存政府による私学への公的助成増額をめざしたバイルー法への反教権派による反対デモである。

これらは、教育をめぐる伝統的な教権と反教権、左翼と右翼という枠内での争いであるが、八九年にパリ近郊クレイユの公立中学校で起きたイスラーム教徒の女子生徒によるスカーフ事件は、あらたな難問を共和国に突きつけた。イスラームの象徴であるスカーフの着用は、公教育の非宗教化の原則に反し、学校側は生徒を退学処分にした。国務院は条件つきでスカーフを容認したが、イスラーム移民がふえたフランスでは、多文化主義を前にして共和国の世俗性原理に揺らぎが生じたのである。スカーフ問題は、フランス国民の定義やアイデンティティの問題とも関連しつつ、移民規制や国籍取得手続きの問題としてかたちを変えて議会で争われたが、二〇〇四年に宗教シンボル禁止法が可決され、政教分離の原則が確認された。

二十一世紀のフランスへ

ミッテランは、再国有化も民営化もしないという路線で国民に安心感を与える戦略をとって大統領に再選された。大統領選後の総選挙でも社会党は勝利して与党に復帰し、ロカール内閣が発足する。一九八八年から始まる第二期ミッテラン政権は、ソ連圏の崩壊とドイツ統一という戦後の国際社会を規定していた冷戦構造が解体するという大激変が起きると同時に、ヨーロッパ統合のベクトルが勢いを増したときでもある。ミッテランとドイツ首相コールとEC委員長ドロールのトロイカ体制によって統合への歩みが進められ、九二年二月のマーストリヒト条約調印と九月の国民投票（辛勝）によって、ECからEU（ヨーロッパ連合）へとヨーロッパは統合への動きを加速した。九九年一月からは共通通

オクシタニーの地域文化を擁護する集会　壇上にはオック語で「自分の邦で生きたい」と記されたスローガンが掲げられている。

貨ユーロが流通し始め、経済統合の進展をみた。

しかし内政面では、あまりふるわなかった。一九九二年春の地方選挙についで、翌春の総選挙でも社会党は歴史的敗北をきっし、獲得議席は急進党系をあわせても改選前の二七六議席から七〇議席へと激減した。失業問題を解決できず、景況も好転しないうえに、前首相ベレゴヴォワのピストル自殺にあるように、社会党の閣僚や有力議員が汚職やスキャンダルに巻き込まれて清潔さをなくしたことが敗北の主因である。こうして、バラデュール内閣による第二次保革共存が始まる。晩年のミッテランは、左右の対立のうえに立つ国父のイメージを保つが、三〇年代からヴィシー時代にかけての右翼的過去が、パリ解放五〇周年式典直後の九四年九月に公表されて政界にセンセーションを巻き起こし、また隠し子問題がイエロー・ジャーナリズムに暴露されて晩節を汚した。九五年の大統領選挙では、予想どおりドゴール派のシラクが当選したが、社会党候補のジョスパンの善戦が注目された。それが、九七年五月の繰上げ総選挙における左翼の勝利につながり、ジョスパン首相の第三次保革共存政府が生まれ、ドゴール派のジュペ首相は退陣を強いられることになる。

こうして二十一世紀をむかえたフランスに、フランス革命以来のジャコバン的共和国を再考する波が押しよせた。そのうねりは、すでに一九七〇年代から始まっていた。そのころ、エコロジー、フェミニズム、「相違への権利」を主張して地域言語や地域文化を擁護する「新しい社会運動」が生まれたのである。「取り残された地域」である西部のブルターニュや南部のオクシタニー、さらにコルス（コルシカ）などの周縁からの分離主義的な運動は、従来のフランスという国民国家の枠を問い直すことになった。中央集権的なジャコバン的共和国を否定し、地方分権や連邦化を要求するそれらの運動は、あらたなフランス像を模索せざるをえない。ミッテラン政権による地方分権法（八二年）は、これらの運動への回答でもあった。「五月事件」の影響から生まれたこれらの運動は、多文化主義や多言語主義、ポスト・コロニアリズムへと思想的転回をとげつつある。

このように価値相対的な遠心的動きがあるかと思えば、国民性の強化をめざす求心的な動きも根強く存在する。経済成長期に入国したイスラーム文化圏の移民労働者の登場によって、アイデンティティの再構築が一層求められたからである。一九九三年のガットのウルグアイ・ラウンドでフランスが「文化特例」を勝ちとり、音響映像分野でのアメリカ文化の進出にストップをかけたことや、翌年のシャンソン保護法やフランス語使用法の成立も、ナショナル・アイデンティティを確保するための文

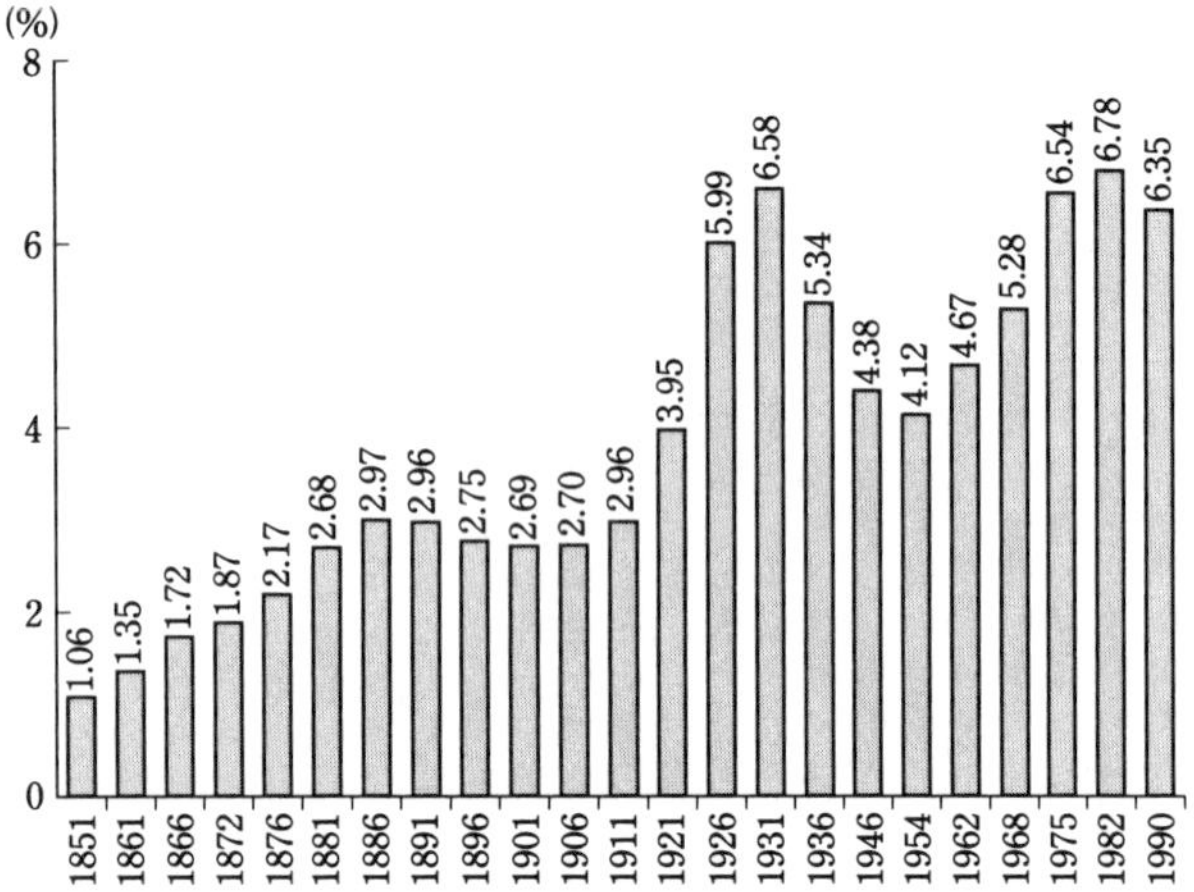

フランスの全人口に占める外国人の割合(1851〜1990年)

化防衛策であった。フランス社会における移民の存在は、フランス人のナショナリズムを刺激し、フランス人のなかに「外国人ぎらい」という排外主義をふたたび蘇らせることになる。八〇年十二月には共産党市政下のヴィトリ市(パリ郊外)でも、市長が率先して移民の追出しにかかるというショッキングな事件が起きていた。失業問題が、「フランス人の職を奪う移民」という極右国民戦線の排外的な宣伝を浸透させる土壌になっているが、実際には移民が就いている職域とフランス人のそれとは重なっていない。

ともあれ左右を問わず、移民問題はフランスにとって大きな課題となった。北アフリカ出身の移民労働者の排斥を叫ぶ国民戦線が、一九八〇年代以降の選挙で票を伸ばしている現状は、草の根レヴェルでの排外感情の払拭がいかに困難であるのかを示している。八二年五月から八三年十月までで、フランス人によるマグレブ諸国出身者への殺傷事件は五〇件をこした。それでも移民やユダヤ人への襲撃事件が起きると、反人種差別デモが組織されるのもフランスである。九八年末に国民戦線の指導部がルペン派とメグレ派に分裂したとはいえ、アラブ人を「歓迎されない人々」として締め出すのか、「フランス社会を移民にたいして開放する」(『社会主義プロジェクト』)のか、今後も問われることだろう。

たしかにフランスは、一九八九年のフランス革命二〇〇周年で「人権」を前面に押し出し、九九年に同性・異性を問わず共同生活を営むカップルに法律婚の夫婦と同等の権利を付与する「市民連帯協約(パックス)」、二〇〇〇年には選挙における「男女同数代表原則(パリテ)」を可決して、民主主義の深化を推し進めた。しかし、ヨーロッパ統合と地域主義という相反するベクトルが同時進行し、フランス在住の外国人が三五〇万人ほどに達した二十世紀末のフランスが直面した問題は、異文化をもつ外国人との同化なき共生という前例のない壮大かつ困難な実験であった。

移民問題の変容

二十一世紀のフランスでは政治・経済・環境・感染症などの面でグローバルな対応を迫られるケースが増え、二十世紀の枠組みが揺らいでいる。中東やアフリカからの難民の殺到、イギリスのEU離脱、米国投資銀行リーマン・ブラザーズの経営破綻による金融危機、脱炭素社会への移行、新型コロナウイルスの世界的流行など、フランス一国では解決できない問題が噴出している。こうした問題を前にして、二十一世紀のフランスには構造変容がみられる。ここでは移民問題と政党政治の変容について触れよう。

フランスの移民問題にも二十一世紀の国際状況が映し出されている。二〇〇一年九月にアメリカで起きた同時多発テロへの報復として米軍中心の有志連合(仏軍も含む)は、アルカイダを庇護してきたアフガニスタンのタリバーン政権を同年十一月に解体させた。さらに〇三年、英米中心の有志連合によるフセイン政権打倒後、イラクは混乱に陥り、その間隙を縫って過激なイスラーム国が台頭してきた。特筆すべきは、イラク戦争にたいしてフランスが反対を貫いたことだ。シラク政権は、イラクが大量破壊兵器を隠匿しているというアメリカの主張に疑義を表明して査察継続を主張した。戦後のイラクには大量破壊兵器は見つからなかった。それゆえ「正当性を欠いた戦争は、たとえ勝利しても正当性を獲得することはない」というシラクの言葉(〇三年五月)が重く響く。さらに国連安保理から開戦のお墨付きを得ようとした米英にたいして、ドヴィルパン外相が安保理でおこなった反対演説は開戦を急ぐアメリカへの異議申立てとなり、フランス外交の神髄を示すものとなった。

中東情勢の流動化とともに、テロ実行犯が外国人から自国育ちのイスラーム過激派に変わった。とりわけ二〇一五年のフランスでは、中東で訓練を受けた自国育ちの過激派によるテロが相次ぎ数百名の死傷者がでた。まず、一月にムハンマドの風刺画を載せていた週刊紙『シャルリー・エブド』の編集部が襲われ、十一月にはサッカーが行われていたスタジアム、コンサートが開かれていた劇場、飲食店などで同時多発テロが起き、翌年七月のニースではトラック暴走テロが起きた。二〇年秋にもパリとニースでテロが起きてイスラーム過激派への反感が強まり、マクロン大統領はモスクの監視強化を訴えた。

テロ以外に目を向けると、二〇〇五年秋に移民二世や三世による暴動事件が突発した。発端は警察の取締りによって変電所に逃げ込んだ移民出自の若者二名が感電死したことだ。これが就職差別などの日頃の差別待遇による若者の不満に火をつけた。しかも、サルコジ内相が暴動参加者を「社会の屑」と呼んで徹底した取締りを主張したことで、三週間にわたって約一万台の車が燃やされ、非常事態法が適用された。

二〇一六年夏、地中海の保養地コート・ダジュールで争点となったのがブルキニ問題だ。ブルキニとはムスリム女性用の水着で、顔以外の肌を露出しない仕様のものである。直前にニースのトラック暴走テロがあったことも、この問題に過剰反応する一因であった。カンヌ市はブルキニが宗教を誇示する衣装と見なして着用を禁止したが、国務院は自治体の判断を凍結する裁定を下した。

このようにフランスは、従来の移民問題に加えてテロという新たな問題に直面しているが、移民二世のサルコジ(ハンガリーの地方貴族出身)が大統領になった国でもある。

政党政治の変容

一九八一年以降、フランスはドゴール派と社会党によって統治されてきた。しかし、九五年に大統領となったシラクは就任早々に核実験の再開を宣言して世界の顰蹙《ひんしゅく》を買い、同年秋には財政赤字削減のために社会保障関連の支出を抑制する予算案を通過させて反対のストに見舞われた。さらに、与党が多数派であったにもかかわらず九七年には解散総選挙を強行して大敗し、ジョスパン社会党首相との保革共存を五年間もよぎなくされた。それゆえ一期目のシラク政権の成果は、ヴィシー政府によるユダヤ人迫害についてフランス国家の責任を認めたこと以外にはあまりなかった。

そのシラクを勢いづけたのが二〇〇二年の大統領選挙である。というのは、この大統領選で決選投票に進んだのが、予想に反してジョスパンではなくて国民戦線のジャン＝マリ・ルペンであったからだ。国民戦線は、欧州統合やグローバリズムの波に飲み込まれて失業にあえぐフランス人のナショナリズムに訴え、移民排斥を展開して票を伸ばしてきた政党である。国民戦線は九八年末に分裂していただけに、大統領選での予想外の展開にフランス人は驚愕した。決選投票では社会党もシラク支持に回り、シラクが圧勝した。

シラク政権下で強硬な治安対策で人気を得たのがサルコジ内相だ。サルコジは二〇〇四年にドゴール派党首となり、〇七年の大統領選挙で社会党のロワイヤルに勝利した。翌年に大統領権限に制約を課し議会権限を強める憲法改正を行って、第五共和政の体制に修正を加えた。彼は「もっと働き、もっと稼ごう」と訴え、ジョスパン内閣が導入した週三五時間労働を批判し新自由主義的な政策を行ったが、自身の離婚や再婚をも政治利用する手法は注目を集めはしたものの、一二年の大統領選挙では社会党のオランドに敗れた。そのオランドも、最初は富裕税や同性婚の合法化など社会党らしい政策を進めたが、失業率は高止まりしていた。そのうえ財政赤字削減のための増税や労働市場の自由化を進めたことでオランドも支持を失い、一六年四月には支持率が就任以来最低の一四％となった。

シラク大統領以後、フランスの大統領は現時点で一期ずつ務めて終わっている。なぜだろう。その理由は、一九七〇年以降保革の双璧をなした社会党とドゴール派が今世紀にはいって影響力をなくしたことだ。社会党は、二〇〇七年の大統領候補ロワイヤルとオランドとのあいだで内紛に陥り求心力を失った。二人は事実婚関係にあったので世間の耳目を集めた。そのうえサルコジ政権に入閣する社会党員も出てくる。「国境なき医師団」を創設したクシュネルが外相に就任し、欧州問題担当相や協力・フランス語圏担当相に就任した党員もいた。さらには元外相ヴェドリーヌ、アタリ、元首相ロカール、元国民教育相ラングらの社会党幹部が一本釣りにあって社会党は切り崩されていった。

衰退する保革二大政党の間隙を縫って躍進したのが、反移民・反EUを掲げる国民戦線（二〇一八年に国民連合と改称）だ。現在の党首はルペンの三女マリーヌである。一二年の大統領選挙で彼女は六四二万票を獲得して三位につけ、一七年の大統領選挙では決選投票に進出し一〇六四万票を得た。この勢力拡大を可能にしたのは、社会党とドゴール派の政策が似通って差がなくなり、しかも効果的な政策を打ち出せず支持を失ったこと、父ルペンがホロコースト否定論を繰り返したのにたいして、マリーヌは政権獲得を視野に入れて党内の極右勢力を切り捨て、政党政治を受け入れる路線に軌道修正したことだ。

人気のないオランドが二〇一七年の大統領選への立候補を断念した。現職大統領が立候補しないのは初めてのことであり、社会党の窮状を物語っていた。保守派に楽勝ムードが漂う。保守派の大統領候補は清廉イメージが強い元首相フィヨンであったが、選挙の三ヵ月前に彼の金銭疑惑が報じられ、支持率は一気にさがった。残るは三九歳のマクロンとマリーヌだった。こうした保革二大政党の影響力失墜が、「共和国前進」を率いた中道派のマクロン大統領を生み出した。しかし、マクロンも燃料税の値上げが黄色いベスト運動を惹起し、値上げ撤回をよぎなくされた。

以上のように、移民問題や政党政治の変容は今後のフランスの行方を占ううえでも、目を離せないだろう。フランスはどこへ行く。

■索　　引

人名索引

●ア－オ

●サ－ソ

●ナ－ノ

●ハ－ホ

事項索引

●アーオ

●カーコ

●サーソ

●タート

●マ－モ

●ヤ－ヨ

●ラーロ・ワ

■写真引用一覧

1……Pierre Goubert et Michel Denis, *1789. Les Français ont la parole*, Paris, Gallimard, 1973.

2……Michel Vovelle, *La Révolution française, images et récit 1789-1799*, t.2, *octobre 1789-septembre 1791*, Paris. Livre Club Diderot, 1986.

3……Michel Vovelle, *La Révolution française, images et récit 1789-1799*, t.3, *septembre 1791 à juin 1793*, Paris, Livre Club Diderot, 1986.

4……Michel Vovelle, *La Révolution française, images et récit 1789-1799*, t.5, *Prairial an III(mai 1795) à Brumaire an VIII(novembre 1799)*, Paris, Livre Club Diderot, 1986.

5……Georges Duby(dir.), *Histoire de la France, dynasties et révolution de 1348 à 1852*, Paris, Larousse, 1971.

6……『ドーミエ展』(カタログ)毎日新聞社　1975

7……Daniel Stern, *Histoire de la Révolution de 1848*, Paris, 1850.

8……Garnier-Pagès, *La Révolution de 1848*, Paris, s.d.

9……M. Reinhard(dir.), *Histoire de France*, t.2, Paris, Larousse, 1968.

10……Jean des Cars et Pierre Pinon(dir.), *Paris-Haussmann*, Paris, Picard. 1991.

11……Georges Duby(dir.), *Histoire de la France, les temps nouveaux. de 1852 à nos jours*, Paris, Larousse, 1972.

12……Jacques Le Goff et René Rémond, *Histoire de la France religieuse*, t.4, Paris, Seuil, 1992.

13……渡辺一民『ドレーフュス事件』筑摩書房　1972

14……Maurice Agulhon, *La république, 1880 à nos jours*, Paris, Hachette, 1990.

15……Annie Kriegel et Jean-Jacques Becker, *1914, la guerre et le mouvement ouvrier français*, Paris, A. Colin, 1964.

16……Jean-Baptiste Duroselle, *Clemenceau*, Paris, Fayard, 1988.

17……Pierre Nora(dir.), *Les lieux de mémoire*, t.II-3, *La Nation*, Paris, Gallimard, 1986.

18……Jean Héritier, *Édouard Herriot*, Paris, RMC, 1987.

19……Elizabeth Ezra, *The Colonial Unconscious. Race and Culture in Interwar France*, Cornell University Press, 2000.

20……平瀬徹也『フランス人民戦線』近藤出版社　1974

21……Pierre Nora(dir.), *Les lieux de mémoire*, t.III-1, *Les France*, Paris, Gallimard, 1992.

22……アレクサンダー・ワース，内山敏訳『ドゴール〈二十世紀の大政治家７〉』紀伊國屋書店　1967

23……Jean-Baptiste Duroselle(dir.), *L'Europe. Histoire de ses peuples*, Paris,

Perrin, 1990.
24……Jean Lacouture, *Mitterrand. Une histoire de Français*, t.2, Paris, Seuil, 1998.

カバー——ユニフォトプレス提供
p.5——1, pp.126-127
p.14——2, p.299
p.20——2, p.286
p.23——3, p.100
p.32——4, p.143
p.40——3, p.218
p.44——4, p.273
p.64——5, p.365
p.69——6, pl.3
p.72——5, p.377
p.85——7, p.89
p.89——8, p.70
p.95——9, p.260
p.111——10
p.114——5, p.380
p.124——11
p.140——12, p.31
p.142上——13, pp.28-29
　　下——8, p.360
p.145——14, p.119
p.149——15, p.106
P.161——16, 表紙
p.164——17, p.128
p.170——18, 表紙
p.174——19, p.98
p.191——20, 口絵
p.205——21, p.341
p.207
——22, 口絵
p.222——22, 口絵
p.229——23, p.403
p.234
——24, pp.240-241
p.238——21, p.844

■図表出典一覧

p.103——René Rémond (dir.), *Atlas de l'histoire de France*, Paris, Perrin, 1996, pp.176-177.
p.118——『世界歴史大系　フランス史』第3巻　山川出版社　1995　198頁
p.181——竹岡敬温・和多則明「世界恐慌期フランスの景況と経済政策の基本的方向」『大阪大学経済学』vol.22, no.4　1973　6頁
p.188——中木康夫『フランス政治史』中　未来社　1975　88頁
p.214——Jean-Pierre Rioux, *La France de la Quatrième République*, t.2, Paris, Seuil, 1983, p.207.
p.227——長部重康編『現代フランス経済論』有斐閣　1983　202頁
p.240——アリック・G・ハーグリーヴス，石井伸一訳『現代フランス』明石書店　1997　34頁

林田 伸一　はやしだ しんいち

1954年生まれ。東京大学大学院人文科学研究科修士課程修了

現在，成城大学文芸学部教授

主要論文：「革命前フランスにおける地方行政と王政改革」(専修大学人文科学研究所編『フランス革命とナポレオン』未来社 1998)，「ロラン・ムーニエと絶対王政期のフランス」(二宮宏之・阿河雄二郎編『アンシアン・レジームの国家と社会』(山川出版社 2003)

谷川 稔　たにがわ みのる

1946年生まれ。京都大学大学院文学研究科博士課程修了，文学博士

歴史家（元 京都大学教授）

主要著書：『フランス社会運動史』(山川出版社 1983)，『規範としての文化』(共著，平凡社 1990)，『十字架と三色旗』(山川出版社 1997，岩波現代文庫 2015)，『世界の歴史22 近代ヨーロッパの情熱と苦悩』(共著，中公文庫 2009)，『国民国家とナショナリズム』(山川出版社 1999)，『フランス史からの問い』(共編，山川出版社 2000)，『歴史としてのヨーロッパ・アイデンティティ』(編著，山川出版社 2004)，『越境する歴史家たちへ』(共編，ミネルヴァ書房 2019)

渡辺 和行　わたなべ かずゆき

1952年生まれ。京都大学大学院法学研究科博士課程修了，博士(法学)

現在，京都橘大学文学部教授

主要著書：『ナチ占領下のフランス』(講談社 1994)，『ホロコーストのフランス』(人文書院 1998)，『フランス人とスペイン内戦』(ミネルヴァ書房 2003)，『エトランジェのフランス史』(山川出版社 2007)，『近代フランスの歴史学と歴史家』(ミネルヴァ書房 2009)，『ド・ゴール』(山川出版社 2013)，『フランス人民戦線』(人文書院 2013)，『ドゴールと自由フランス』(昭和堂 2017)

執筆者紹介(執筆順)

福井 憲彦　ふくい のりひこ

1946年生まれ。東京大学大学院人文科学研究科修士課程修了
学習院大学名誉教授
主要著書：『時間と習俗の社会史』(ちくま学芸文庫 1996)，『世界歴史大系　フランス史 1-3』(共編，山川出版社 1995-96)，『世紀末とベル・エポックの文化』(山川出版社 1999)，『世界歴史の旅パリ』(共著，山川出版社 2004)，『ヨーロッパ近代の社会史』(岩波書店 2005)，『近代ヨーロッパ史』(ちくま学芸文庫 2010)，『近代ヨーロッパの覇権』(講談社学術文庫 2017)，『歴史学入門 新版』(岩波書店 2019)

本村 凌二　もとむら りょうじ

1947年生まれ。東京大学大学院人文科学研究科博士課程修了，博士(文学)
東京大学名誉教授
主要著書：『薄闇のローマ世界』(東京大学出版会 1993)，『多神教と一神教』(岩波新書 2005)，『古代ポンペイの日常生活』(講談社学術文庫 2010)，『帝国を魅せる剣闘士』(山川出版社 2011)，『愛欲のローマ史』(講談社学術文庫 2014)，『地中海世界とローマ帝国』(講談社学術文庫 2017)，『教養としての「世界史」の読み方』(PHP 研究所 2017)，『独裁の世界史』(NHK 出版新書 2020)

佐藤 彰一　さとう しょういち

1945年生まれ。早稲田大学大学院文学研究科博士課程修了，博士(文学)
名古屋大学名誉教授，日本学士会委員，フランス学士院会員
主要著書：『修道院と農民』(名古屋大学出版会 1997)，『ポスト・ローマ期フランク史の研究』(岩波書店 2000)，『歴史書を読む』(山川出版社 2004)，『中世初期フランス地域史の研究』(岩波書店 2004)，『カール大帝』(山川出版社 2013)，『禁欲のヨーロッパ』(中公新書 2014)，『贖罪のヨーロッパ』(中公新書 2016)，『剣と清貧のヨーロッパ』(中公新書 2017)，『宣教のヨーロッパ』(中公新書 2018)，『歴史探究のヨーロッパ』(中公新書2019)

『新版　世界各国史第十二　フランス史』
二〇〇一年八月　山川出版社刊

YAMAKAWA SELECTION

フランス史《し》 下

2021年3月20日　第1版1刷　印刷
2021年3月30日　第1版1刷　発行

編者　福井憲彦

発行者　野澤武史

発行所　株式会社山川出版社
〒101-0047 東京都千代田区内神田1-13-13
電話03(3293)8131(営業)8134(編集)
https://www.yamakawa.co.jp/
振替 00120-9-43993

印刷所　株式会社太平印刷社

製本所　株式会社ブロケード
装幀　菊地信義+水戸部功

 ISBN978-4-634-42390-9